DROIT DISCIPLINAIRE PÉNITENTIAIRE

BIBLIOTHÈQUES DE DROIT

COLLECTION FONDÉE ET DIRIGÉE PAR JEAN-PAUL CÉRÉ

Cette collection a pour vocation d'assurer la diffusion d'ouvrages scientifiques sur des sujets peu explorés ou sur des thèmes d'actualité dans le domaine des sciences juridiques. Elle se destine notamment à la publication de travaux de jeunes chercheurs.

Derniers ouvrages parus :

D. BARCH-THIEL (dir.), Repenser le jugement des délits

M. GIACOPELLI et J.P. CÉRÉ (dir.), Le rôle de l'assesseur citoyen devant la commission de discipline en prison

C. TALLON ESPIGARES, La peine d'amende proportionnelle au profit tiré de l'infraction

A. COSTE, B. DEVRET, La refonte du code de procédure pénale

G. DELI, Juste vivre. Vers une théorie juridique éthique

D. BRACH-THIEL, Terrorisme et droits fondamentaux

A. BONNET, C. EDOUARD et V. SAVARIT, La protection des animaux et le droit de l'environnement

E. GINDRE, La dignité des personnes détenues dans les prisons des Outre-mer

M. DOS SANTOS, La gravité en droit international pénal

C. MENABE et J. LEONHARD (dir.), Réinsérer les femmes et les mineurs face au soupçon de danger terroriste

G. THOMAS, La répression du négationnisme

P. KEUBOU, La procédure pénale au Cameroun

BIBLIOTHÈQUE DE DROIT : *MANUELS*

Jean-Paul Céré

DROIT DISCIPLINAIRE PÉNITENTIAIRE

3e édition

L'Harmattan

Du même auteur

Le permis à points, L'Harmattan, 6e éd. 2025

Le rôle de l'assesseur citoyen devant la commission de discipline en prison (dir. avec M. Giacopelli), L'Harmattan, 2024

Pomiedzy, Kryminologia, Penitencjarystyka I Prawem (dir. avec A. Cibal-Michalskiej, T. Kalisza et W. Zalewskiego), C.H. Beck, 2024

Dix ans d'application de la loi pénitentiaire, L'Harmattan, 2021

Les criminels dangereux (dir. avec P. Stepniak), L'Harmattan, 2020

Corruption et droit pénal (dir.), L'Harmattan, 2019

Le droit à la santé et la prison (dir.), L'Harmattan, 2017

Les systèmes pénitentiaires dans le monde, Dalloz, 3e éd. 2017

La prison, Dalloz, 2e éd. 2016

Droit pénal et nouvelles technologies (dir.), L'Harmattan, 2015

Procédures pénales d'exception et droits de l'homme (dir.), L'Harmattan, 2011

Le droit de la copropriété. Les assemblées de copropriétaires, L'Harmattan, 2006

Les PV de stationnement, L'Harmattan, 2003

Panorama européen de la prison (dir.), L'Harmattan, 2002

Droit disciplinaire en prison, L'Harmattan, 2001

Le contentieux disciplinaire dans les prisons françaises et le droit européen, L'Harmattan, 1999

5-7, rue de l'École-Polytechnique - 75005 Paris
www.editions-harmattan.fr
ISBN : 978-2-336-56791-4
EAN : 9782336567914

Principales abréviations

AJ Pénal	Actualité juridique Pénal
Al	Alinéa
Art	Article
Bull crim	Bulletin des arrêts de la Cour de cassation (chambre criminelle)
CA	Cour d'appel
CAA	Cour administrative d'appel
Cass. crim	Cour de cassation, chambre criminelle
Circ	Circulaire
C. just. Adm	Code de Justice administrative
CJPM	Code de la justice pénale des mineurs
Concl	Conclusions
Cons. d'Et.	Conseil d'État
Cour EDH	Cour européenne des droits de l'homme
C. pén..	Code pénal
C. pénit	Code pénitentiaire
C. pr. pén	Code de procédure pénale
D	Recueil Dalloz
Gaz. pal	Gazette du palais
JAP	Juge de l'Application des Peines
JCP	La semaine juridique, Jurisclasseur périodique
Leb	Recueil Lebon
P, pp	Page (s)
RD publ	Revue du droit public
RFD adm.	Revue Française de Droit Administratif
Rev. Pénit	Revue Pénitentiaire et de Droit Pénal
Rev. sc. crim.	Revue de sciences criminelles et de droit pénal comparé
TA	Tribunal administratif
V	Voir

Introduction

L'histoire de la discipline pénitentiaire est significative de l'ampleur du cheminement parcouru avant que la discipline en prison ne soit soumise à des exigences de légalité et de justice. Une approche historique enseigne que, dès le XIXe siècle, plusieurs réformes réglementaires ont tenté, sans succès, d'harmoniser les pratiques disciplinaires. Les premiers véritables textes instituant une répression de principe pour toutes les infractions disciplinaires sont issus des lois pénales de 1791. Depuis, la discipline pénitentiaire a subi des retouches notables. Pénétrée par l'arbitraire jusqu'au milieu du XXe siècle (Section 1), elle s'est inscrite ensuite dans un processus plus légaliste, au point de devenir aujourd'hui un véritable droit disciplinaire pénitentiaire (Section 2).

Section 1. L'héritage arbitraire de la discipline pénitentiaire

XVIIIe et XIXe siècles. La vie carcérale à la fin du XVIIIe et durant le XIXe siècle ne laissait pas la moindre once d'autonomie au prisonnier. Le souci de discipliner les établissements pénitentiaires apparaît de suite après la révolution, en 1791. Les textes principaux remontent à l'empire et à la restauration. Ils détaillent avec méticulosité le temps des prisons et imposent de multiples obligations. Il fallait inculquer au détenu des bonnes habitudes. Les règles disciplinaires régentaient, au surplus, avec une minutie extraordinaire, la vie du prisonnier (habillement, literie, nourriture, boisson) ; ses gestes, ses tâches, ses paroles étaient bridés par des textes qui dictaient, en toutes circonstances, les conduites à tenir et rompaient tout esprit d'initiative. Le régime de détention s'accordait de règles de vie particulièrement strictes[1]. Ainsi, dans les maisons cellulaires, le port d'un capuchon en étamine, qui recouvrait, lorsqu'il était baissé, la tête et le visage, fut imposé pour éviter que les individus ne se corrompent mutuellement. Les détenus, au cours de leurs déplacements à l'intérieur de la prison, étaient identifiés par une plaque portant le numéro de leur cellule. La communication des noms des prisonniers était réduite. Les indications sur la porte de la cellule permettaient leur reconnaissance au travers d'une étiquette sur laquelle était inscrit le numéro d'écrou du détenu, une couleur spéciale symbolisant la catégorie pénale à laquelle il appartenait.

Dès son entrée en prison, le détenu avait été, au surplus, dépouillé d'un attribut de liberté essentiel, sa tenue vestimentaire. En imposant le port d'un uniforme pénal, on recherchait sa soumission en gommant tout signe distinctif qui pût rappeler son passé. Il y avait aussi une volonté d'humiliation et de stigmatisation certaine du prisonnier dans le fait de lui retirer tous ses effets personnels. C'est la Circulaire du 19 mai 1818 qui imposa le port obligatoire du costume pénal (il se composait d'une veste de laine - droguet - grise et d'un pantalon du même tissu en hiver, d'une veste en toile et d'un pantalon pour l'été). Les prévenus bénéficièrent de cette faculté dès 1841 ainsi que les condamnés en matière politique, puis les détenus de moins de vingt et un ans et les condamnés en matière de police.

Bien que le régime imposé pouvait varier au bénéfice de catégories particulières de détenus, tels les prisonniers pour dette, de multiples obligations incontournables étaient imposées, par les règlements, aux prisonniers de droit commun.

---

1 H. Hedhili Azema, *Droit disciplinaire pénitentiaire de la belle Époque*, L'Harmattan, 2020, 170 p.

Les boissons alcoolisées étant autorisées, les geôliers, guichetiers et cabaretiers des prisons, dans le souci d'une bonne tenue de la prison, devaient éviter que les prisonniers ne consomment du vin ou de l'eau-de-vie par excès. On estime, à cette époque, que le prisonnier doit être réformé moralement. Son amendement doit passer par le respect préalable de règles strictes au sein de la prison, afin qu'il intègre une discipline qu'il continuera naturellement d'appliquer après sa libération. En imposant des horaires stricts, une marge d'initiative réduite, la discipline carcérale participait à cette idée de régénération morale de l'individu.

Ainsi, le Règlement général du 25 décembre 1819 commande à la loi de ne pas s'arrêter à la porte des prisons. L'inclusion de la loi dans l'enceinte de la prison doit susciter une prise de conscience du détenu, lui permettre de découvrir les valeurs mêmes de la justice qu'il a honnies jusqu'alors. Les nouveaux textes, dans le domaine disciplinaire, affirment la nécessité de ne plus tolérer les pratiques arbitraires et discriminatoires. Toutes les formes de répression corporelles doivent prendre fin, les habitudes dévoyées (jeux de hasard, beuveries, ventes, échanges ou prêts sur gage entre prisonniers) interdites. La discipline repose sur un usage adapté et savamment dosé selon la conduite du détenu. Le règlement, par la sévérité ou la durée des punitions qu'il autorise, doit permettre la répression appropriée de toute faute et, par le jeu de récompenses graduées, encourager les actions de bonne conduite des prisonniers. Étaient légitimés les privations alimentaires, le redoublement de classes, les exclusions temporaires ou définitives de l'atelier ou de l'école. Corrélativement, les détenus pouvaient obtenir, au titre de récompenses, une nourriture plus consistante et, à l'atelier, une rémunération du travail.

La recherche d'éradication de l'arbitraire en matière disciplinaire, sous toutes ses formes, est largement inspirée des conceptions des philanthropes anglais (particulièrement par

J. BENTHAM) soucieux de réformer en profondeur et avec minutie toute l'organisation carcérale[2]. Une Circulaire du 1er septembre 1836 concerne spécifiquement le contrôle de la correspondance et prévoit, à titre disciplinaire, la suppression des lettres ainsi que la punition du détenu qui se serait servi de son courrier pour colporter des mensonges.

Il faut attendre l'ordonnance du 10 mai 1839 pour les maisons centrales et le Règlement général du 30 octobre 1841 pour trouver des textes régissant avec minutie la discipline sur l'ensemble du territoire. Ils constituent les éléments réglementaires de référence, durant tout le XXe siècle, malgré les quelques efforts de réglementation antérieure.

Rompant avec les conceptions du début du siècle, l'ordonnance propose un régime disciplinaire teinté d'une coloration nettement punitive. Le silence absolu doit s'imposer. Les temps forts de la journée (lever, commencement et cessation du travail, repas, offices religieux) sont indiqués par un ou plusieurs coups de cloche. Pour s'adresser au gardien, le détenu doit lever la main et parler à voix basse. L'alcool et le tabac sont interdits, les possibilités de cantiner ou de posséder de l'argent se restreignent, les dépenses sont obligatoirement soumises à autorisation et les détenus doivent au préalable remplir des bons. L'ordonnance impose que les condamnés aient, dès leur entrée en centrale, le visage et le crâne rasés. La circulaire assimile surtout le travail à une peine supplémentaire que le prisonnier doit exécuter sans interruption et autant que ses forces le lui permettent.

La cantine est considérée, en outre, comme élément au service de la discipline de la prison. L'utilisation, par le condamné, de la part du produit qui lui revient est subordonnée à son comportement en prison. Il ne peut se

---

2 Sur cette période, V. H. Hedhili-Azema, Sciences et pratiques pénitentiaires en France XIXe-XXe siècles, L'Harmattan, 2014, p. 225 et s.

procurer un surplus qu'au regard de ses mérites. La cantine devient une source d'avantages complémentaires pour l'entrepreneur qui récupère ainsi une fraction importante du salaire qu'il avait versé aux prisonniers. Seule une partie des revenus des prisonniers, appelés « gages », était bloquée.

Par la suite, le Règlement du 30 octobre 1841 tenta vainement d'opérer une harmonisation de la discipline dans les différentes catégories d'établissements. La discipline requise dans les maisons centrales fut pourtant plus éprouvante que celle exigée dans les prisons départementales en dépit d'une reprise, par le Règlement du 30 octobre 1841, des principes généraux applicables dans les maisons centrales.

Les efforts d'harmonisation nationale de la discipline par les textes de 1839 et 1841 n'ont pas imposé de dichotomie entre les hommes et les femmes, sauf à préciser que leur garde devait s'effectuer en quartiers distincts dans les prisons où étaient incarcérés des détenus des deux sexes.

L'Arrêté du 8 juin 1842 est à l'origine de la création du prétoire de justice disciplinaire. Il est censé mettre fin à l'arbitraire de la répression en retenant des principes novateurs de publicité de l'audience disciplinaire. La recherche de sanctions fermes, mais soumises au principe de proportionnalité doit apporter aux autorités de la prison le sentiment de toujours pouvoir disposer de moyens efficaces de sauvegarde du bon ordre des établissements et susciter, du côté des prisonniers, celui d'une justice disciplinaire sévère, mais juste. L'arrêté autorise aussi les prisonniers à formuler des plaintes. Faculté largement atténuée par la Circulaire du 20 mars 1874 qui n'autorisera leurs réclamations verbales qu'un jour par semaine, le samedi.

En 1848, un Décret du 24 mars entraîne indirectement, en supprimant le travail, la fomentation de nombreuses émeutes qui débouchent, comme la révolte de Riom des 25 et 26 avril 1848, sur une revendication principale des détenus :

l'abrogation de la circulaire de 1839 (retour à la liberté de parole et de consommation de tabac). Les actes d'insubordination individuels des prisonniers s'agrègent aux révoltes collectives. Des rapports officiels constatent un état général de démoralisation et d'indiscipline dans l'ensemble des établissements. Les autorités préconisent de leur côté, au nom de la discipline, le rétablissement du travail. Le refus larvé du respect quotidien de la discipline, l'agitation latente des prisons n'échappent finalement à personne, surtout pas au législateur de l'époque qui prend rapidement plusieurs mesures afin de contrecarrer la contestation, dont le résultat final désavoue magistralement l'amorce de libéralisation voulue par le Décret du 24 mars 1848. Malgré plusieurs tentatives de modération, le Décret du 25 février 1852 adopte le principe d'un retour au régime antérieur.

Jusqu'au milieu du XIXe siècle, la surveillance dans les prisons pour femmes est exercée par des hommes ce qui, outre la propension à la débauche, au vice propres aux établissements pour hommes, conduit à de multiples abus sexuels ainsi qu'à de nombreux cas avérés de viols à l'encontre des détenues. C'est une des raisons majeures qui pousse l'administration à adopter le principe de la surveillance des femmes par des personnes du même sexe. Cependant, malgré l'attention particulière apportée au recrutement des surveillantes, les prisons pour femmes persistèrent dans l'immoralité. Tout aussi inquiétant, eu égard au but recherché par les autorités pénitentiaires, les actes d'indisciplines touchaient de plus en plus profondément le quotidien de la prison. Elles sont alors supplantées par des religieuses, les sœurs des prisons de l'ordre de Marie-Joseph, qui assureront la surveillance des détenues dans l'ensemble des maisons centrales et prisons départementales jusqu'au rétablissement du principe d'une surveillance laïque et féminine au début du XXe siècle.

Finalement, le régime institué dans les maisons centrales et l'obligation subséquente au silence suscite un accroissement de la tension et des violences au sein des établissements. La règle du silence, difficilement supportable, a en effet engendré une forte augmentation des infractions disciplinaires, du fait de sa violation inévitable. Le silence devait régner en tout lieu (dortoir, réfectoire, chapelle) et à tout moment, y compris durant le temps consacré au repos. Il devait contribuer à la régénération morale de l'individu par la réflexion, le retour sur soi, la pénitence et l'expiation. Nombre de détenus choisissent alors de commettre des infractions dans le seul but de partir au bagne afin de pouvoir dialoguer. D'ailleurs, lorsqu'il est notoire qu'un individu a cherché à être envoyé au bagne, il est puni par un placement dans une maison centrale.

L'essai d'harmonisation de la discipline au sein des diverses catégories d'établissements, par le Règlement de 1841, n'a pas été couronné par les effets escomptés, puisque le Décret du 11 novembre 1885 préconise encore, plus de quarante ans après, des mesures destinées à harmoniser les divers régimes de détention.

De toute façon, nombreux sont les établissements où l'attitude complaisante des geôliers et, bien souvent même, leur rôle actif, incitent à la débauche. Les contrôles des obligations réglementaires par des visites et les inspections régulières des prisons, envisagées par les textes, sont vidés de leur teneur par la pratique, semble-t-il courante, des geôliers. Pour éviter que les conseillers et substituts du procureur n'inspectent l'intérieur des geôles, « le geôlier feint qu'il ne demande pas mieux que de l'accompagner, mais il glisse en même temps avec adresse qu'il appréhende que cette démarche n'ait son danger vu qu'il lui semble avoir aperçu des symptômes de la fièvre des prisons ». Les visites étaient alors rapides et ne concernaient pas les salles ou les cachots.

Dans la deuxième partie du XIXe siècle, l'organisation de la discipline au sein des ateliers repose fortement sur le rôle joué par les contremaîtres-détenus. Hommes de confiance de l'administration pénitentiaire et de l'entrepreneur, généralement choisis parmi les longues peines, souvent des récidivistes, les petits chefs forment une aristocratie véritable, jouissant du sort le plus envié, davantage encore que celui des prévôts des dortoirs. Mieux rémunérés et mieux nourris, ils sont haïs et craints, comme les contremaîtres des autres manufactures. Leur pouvoir est considérable car les détenus sont affectés à un travail précis en fonction de leur avis. De surcroît, au sein des ateliers, les punitions sont souvent prononcées sur leur dénonciation.

Autres personnages-clefs de la discipline intérieure, les prévôts des dortoirs. Ils sont choisis le plus souvent en raison de leur bonne conduite. Chargés de maintenir l'ordre dans les dortoirs, la délation leur permet de sauvegarder tous les avantages procurés par le statut de prévôt. Ils portent sur leur vêtement pénal des galons, symboles de différenciation et de pouvoir, donc d'autorité par rapport à la communauté des simples prisonniers. Ils bénéficient surtout d'avantages matériels : indemnité mensuelle, chaussons de qualité supérieure, manteau. Ils sont dispensés de corvée et bénéficient du choix de leur lit. Ce système, facteur prépondérant d'hypocrisie de part et d'autre, est sans doute l'une des sources principales de conflit et de délation entre les détenus. D'une façon générale, le prévôt participe au maintien de l'ordre en détention.

La pluralité et le souci du détail des textes ne permettent cependant pas de définir la faute disciplinaire. Elle recouvre un domaine si vaste que « toutes les infractions aux règles intérieures de la prison » peuvent engendrer une mesure de répression. Les divers règlements ne servent pas véritablement d'élément de référence quant au degré de gravité intrinsèque des actes répréhensibles commis par les prisonniers et rendent délicate la mesure de la sévérité de la punition appropriée. La compilation des différents textes confirme l'impression du caractère très général et indéfini de la faute disciplinaire. D'après l'article 9 de l'Ordonnance du 18 mai 1839, sont punies les infractions aux règlements intérieurs. L'article 101 du Règlement du 30 octobre 1841 rejoint cette définition en réprimant « toutes infractions aux règles de la prison ». Le Règlement du 10 avril 1869 impose lui aussi une sanction « pour infraction aux règles de la maison » (article 105). Il faut toutefois retenir les dispositions de l'article 614 du Code d'instruction criminelle qui définit quelques infractions pouvant entraîner, selon l'estimation de la gravité de la faute, une punition plus ou moins sévère.

Quelques textes amorcent une timide esquisse de légalité disciplinaire. Tout d'abord, la Circulaire du 22 avril 1841 réservait le cachot pour les atteintes aux mœurs, aux vols et aux actes de dévastation, violence et rébellion. Ensuite, un Décret du 18 juin 1880, applicable aux relégués, avait dressé une liste d'infractions punissables « réparties d'après leur gravité matérielle ou absolue en trois classes » (fautes légères, fautes graves, fautes très graves) ; à chacune desquelles était attachée une pénalité spéciale, variable dans les limites d'une durée maxima et susceptible d'aggravation, par exemple, si le détenu était en état de récidive dans les trois mois. Enfin, le Règlement général du 11 novembre 1885, sur les prisons de courtes peines, prévoyait certaines punitions pour un temps et dans des cas déterminés : la privation de lecture ne pouvait intervenir, par exemple, qu'en cas de lacération, détérioration, emploi illicite de livre et pour une semaine au plus.

Imprécis quant à la définition des infractions disciplinaires, les textes apportent cependant quelques précisions sur les sanctions disciplinaires autorisées. Dès 1808, le Code d'instruction criminelle reprend des dispositions des codes antérieurs (art. 579 du code des délits et des peines et art. 2

Section 20 du titre XIII du décret du 16-29 septembre 1791) et réaffirme le principe d'une utilisation du cachot pour toute infraction à la discipline. L'Ordonnance du 10 mai 1839 vise l'interdiction de communiquer, le Règlement de 1841 la privation de visite, de correspondance ou de secours du dehors ou même la privation de l'école. Les détenus pouvaient également se voir interdire de promenade à titre de punition (Ordonnance de 1839 et Règlement de 1841). Les gardiens-chefs pouvaient encore recourir à la privation de cantine, de vivres chauds ou, mesure très dure à supporter, à la mise au pain et à l'eau. Cette dernière opportunité est d'ailleurs largement usitée, y compris dans les maisons centrales où, pourtant, l'ordonnance de 1839 n'envisage que la privation de cantine.

C'est qu'à cette époque l'amorce très timorée de légalité des sanctions est contrecarrée par les textes eux-mêmes. L'instruction du 8 juin 1842 précise que la liste des punitions de l'ordonnance de 1839 n'est pas limitative et justifie, peut-être, les tendances répressives de certains gardiens-chefs. Pour tenter de remédier aux abus manifestes, plusieurs textes tenteront de préciser les conditions et les limites d'utilisation de cette punition. Une lettre autorise la mise au pain sec et à l'eau pour les refus de travail, mais sollicite un usage modéré (recommandation reprise par une Instruction du 16 avril 1853). Pourtant, l'utilisation dévoyée de cette punition continua à se perpétuer. Le Règlement général du 11 novembre 1885 revint sur cette punition en matière de courtes peines de prison, en décidant de limiter la suppression des aliments autres que le pain pour trois jours consécutifs au plus, la ration de pain pouvant même s'il y a lieu être augmentée.

Parmi les sanctions les plus extrêmes, la mise au cachot dénote. Dans les maisons cellulaires, en raison d'un régime de détention déjà individuel, la peine de cachot pouvait être aggravée par le retrait des fournitures de coucher autres que les couvertures ou par l'occlusion de la fenêtre pour deux jours consécutifs au plus. En règle générale, le détenu était privé de travail et de nourriture (sauf le pain) pendant plusieurs jours ; il pouvait subir les fers, par exemple, au cas d'actes d'insubordination. Le recours à la séquestration, la consignation (punition de cachot de durée indéterminée) et la salle de discipline consacrée par la Circulaire du 2 mai 1876 était admis. Cette dernière consistait en une série de marches de trente minutes, dans un local de la prison, alternées d'un temps de repos d'égale durée. Pendant les pauses les détenus s'asseyaient sur des dés en pierre suffisamment espacés. La punition durait douze heures par jour, dans le silence le plus absolu. Elle était stoppée le temps de prendre, sur place, les repas. Selon la circulaire, elle se justifiait car elle « permet, dans beaucoup de cas, de remplacer avantageusement la mise en cellule ou au cachot, dont on abuse peut-être un peu dans certains établissements... »[3]. La salle de discipline côtoya le cachot au cours des décennies suivantes au titre de punition particulièrement sévère et avilissante.

Le rôle et l'importance dévolus au travail sont mieux appréhendés encore par la conception de la répression disciplinaire contre les infractions commises dans les ateliers. Il fallait, par le travail, moraliser et discipliner les détenus. Le parcours qui les avait conduits en prison attestait plutôt d'un caractère paresseux, d'un esprit retors et rebelle. Il fallait veiller encore à assurer la rentabilité des ouvrages, reposant à l'époque sur l'intérêt mercantile des entrepreneurs. De multiples règlements sont expliqués par les raisons évoquées. D'une part, ils permettent de mettre en œuvre des productions grossières, très répétitives, grâce à une division du travail minutieuse. D'autre part, ils rassurent l'entrepreneur en punissant sévèrement les diverses formes de refus ou de résistance dans un véritable système de travail forcé.

---

3 Cf. Code des prisons VII (1876-1878), pp. 30-32

Après 1839, l'ampleur des punitions liées au travail sera quelque peu minimisée par les statistiques qui dégageront des taux majoritaires de punition contre les infractions à la loi du silence. Sous la Restauration se dégage une constante, l'utilisation quasi systématique du cachot avec fers pour les divers troubles à la discipline commis durant le travail, alors même que les fers ont provoqué parfois chez certains détenus la gangrène, suivie d'une amputation forcée d'un membre inférieur. Le cachot n'est que le fruit d'une politique voulue et souhaitée par les plus hautes autorités.

Il est aussi une autre mesure à laquelle les autorités pénitentiaires ont souvent eu recours pour des motifs purement disciplinaires : le transfert des prisonniers. S'il ne présente pas indubitablement un caractère punitif, il est apparu pourtant, durant le XIXe siècle, comme une réponse appropriée à l'indiscipline de quelques catégories de fauteurs de troubles. Les autorités ont vite compris l'intérêt que pouvait présenter l'éloignement des prisonniers particulièrement agités, surtout lorsqu'ils apparaissaient comme de véritables meneurs. Les mesures de transfert ont d'une façon générale été utilisées lors des périodes de tensions intenses, en prévention de la mutation d'actes d'indiscipline de quelques prisonniers vers une violence collective généralisée.

La sévérité des sanctions n'empêcha en rien le recours systématique à des châtiments corporels, malgré leur prohibition absolue par l'Ordonnance du 10 mai 1839, la Circulaire du 21 octobre 1848, et le Règlement du 10 avril 1869 pour les jeunes détenus. La pratique de sévices tels que l'emploi de la cangue (sorte de carcan imposé aux délinquants en Chine), du piton (le prisonnier était fixé au moyen de liens transversaux à une planche adhérente à la muraille), de la férule (palette de cuir ou de bois avec laquelle on frappait jadis les écoliers), des menottes derrière le dos, de la bricole (partie du harnais s'attachant au poitrail), de l'anneau, de la camisole de force, persista quelques années encore.

Une Circulaire du 21 mars 1876 tente d'effacer les excès dans l'utilisation de la consignation en spécifiant qu'elle doit désormais être effectuée dans une cellule en lieu et place du cachot et pour une durée maximum de trois mois sans autorisation du ministère de l'Intérieur. Cette situation passionna d'ailleurs l'opinion publique, notamment sous la Restauration, lors de la monarchie de Juillet. Elle émut aussi les spécialistes de la science pénitentiaire de l'époque qui consacrèrent nombre de débats et de réflexions sur la question.

En fait, le système de répression disciplinaire subissait, en lui-même, des contestations de la part de nombreux observateurs. Les punitions les plus sévères étaient critiquées car elles allaient à l'encontre de l'objectif d'amendement poursuivi par la peine privative de liberté.

Il est donc clair que le contrôle du pouvoir disciplinaire fut constamment défaillant, malgré plusieurs dispositions textuelles qui auraient dû permettre, en théorie, de pallier les éventuels abus d'autorité dans l'exercice du pouvoir disciplinaire. Le règlement général de 1841 impose, par exemple, que toutes les punitions soient visées par les maires. Mais leur désintéressement patent rend le contrôle inopérant. Il en est de même de celui opéré par les inspecteurs généraux en dépit de leur visite annuelle des établissements de leur circonscription. Les commissions de surveillance des prisons avaient bien été introduites par une ordonnance du 17 avril 1817, mais, en fait, n'existaient pas auprès de chaque prison. Une surveillance du directeur départemental sur les gardiens-chefs des prisons avait été instaurée par un décret du 12 avril 1856. Malgré tous ces garde-fous, le contrôle s'avérait insuffisant, tant dans les prisons départementales que dans les maisons centrales. Une loi du 25 décembre 1880, en réprimant de peines supplémentaires ceux qui auraient commis des délits durant leur incarcération, atteste de l'absence de réelle maîtrise du phénomène disciplinaire. Plusieurs autres réformes ont été nécessaires pour que l'arbitraire régresse progressivement et que le pouvoir disciplinaire pénitentiaire se mue en véritable droit disciplinaire.

Section 2. La construction du droit disciplinaire pénitentiaire

Réforme Amor. Il fallut attendre les années 1945, marquées par la réforme AMOR mettant en œuvre quatorze principes fondamentaux destinés à la révision d'ensemble du système pénitentiaire français, pour trouver de nouvelles dispositions génératrices de bouleversements profonds de la discipline carcérale. Quelques transformations avaient timidement anticipé cette évolution. La soumission aux prières quotidiennes et la présence obligatoire au service religieux disparaissent sous la IIIe République, sans doute en raison du processus de laïcisation qu'elle avait engagé.

Le premier des principes de la réforme AMOR prévoit que « la peine privative de liberté a pour but essentiel l'amendement et le reclassement social du condamné ». Le troisième que « le traitement infligé au prisonnier, hors de toute promiscuité corruptrice, doit être humain, exempt de toute vexation et tendre principalement à son instruction générale et professionnelle et à son amélioration ». La réforme prévoit le régime progressif qui avait pour ambition de modifier fondamentalement l'organisation du système carcéral en le faisant reposer sur une alternance de punitions et de récompenses, de réprimandes et de faveurs. L'apparition du Juge de l'Application des Peines (JAP) symbolise le nouveau rôle confié à l'autorité judiciaire. Il est notamment chargé d'apprécier le passage d'une classe à l'autre. Les efforts d'harmonisation du régime disciplinaire et, surtout, la volonté de contenir les débordements arbitraires opérés par les différents textes et règlements abondants dans la deuxième moitié du XIXe siècle, ayant échoué, plusieurs mesures d'humanisation de la discipline se sont donc avérées indispensables.

Disparitions de sanctions. Cependant, plusieurs décrets ou circulaires seront nécessaires pour effacer progressivement des mentalités le recours à des punitions surannées. En 1947, la punition de la salle de discipline et le face au mur disparaissent ; la punition avec sursis fait son apparition. En 1948, c'est au tour de la punition de privation de visite et de correspondance de s'effacer. En 1954, sont interdits, pour les condamnés, la tonte systématique des cheveux et le port obligatoire des sabots. La volonté de rompre avec l'institution des prévôts est manifeste, mais cette pratique ancestrale perdurera plusieurs années durant, jusqu'à la fin de la décennie. Enfin, toujours en 1954, le port de fers de nuit sera aussi supprimé. Le Code de procédure pénale spécifie que l'amende ne pourra désormais être perçue qu'au titre de réparation.

Évolutions multiples. Depuis les années soixante, l'action disciplinaire a subi de profondes transformations. La circulaire du 14 avril 1969 entérine un processus de remodelage du régime disciplinaire. Les punitions se délestèrent progressivement de toute portée vexatoire et abrutissante. La punition de cellule fut ramenée de 90 jours à 45 jours, les aggravations supprimées (retrait de fournitures de couchage pour la nuit, coupe à ras des cheveux, occlusion de la fenêtre par un volet plein). En outre, les détenus obtinrent l'autorisation de lire, d'écrire une lettre par quinzaine et de se promener seul une heure au lieu d'une demi-heure par jour.

Jusqu'au début des années 1970, les détenus étaient encore astreints à des formes de respect particulièrement avilissantes. Chaque fois qu'ils croisaient le directeur ou l'un de ses adjoints, ou dès qu'un surveillant leur adressait la parole, ils étaient tenus de se mettre au garde-à-vous. La fin de ces obligations empruntées aux conduites militaires coïncide aussi avec une période d'atténuation des stigmates physiques imposés aux détenus. Le port de la barbe ou des moustaches fut permis. L'extinction des lumières dans les cellules, retardée.

Le Décret n° 72-852 du 12 septembre 1972 et ses circulaires d'application entraînent la disparition de la soumission obligatoire au silence et la suppression des restrictions alimentaires qui consistaient à imposer trois jours par semaine de nourriture au pain, à la soupe et à l'eau durant les quinze premiers jours de punition de cellule, un jour par semaine ensuite. Le décret établit parallèlement le principe d'une interdiction des punitions collectives. La procédure disciplinaire va dans le sens d'une meilleure information des détenus.

Humanisation des sanctions. L'évolution est poursuivie par le Décret n° 75-402 du 23 mai 1975 qui affine la terminologie des textes en rapport avec la discipline. « Les punitions disciplinaires » deviennent des « sanctions disciplinaires » et les « récompenses » préalablement accordées pour bonne conduite, des « mesures visant à encourager les détenus ». Le processus de disparition des sanctions accessoires sans lien avec l'infraction est accentué (privation de lecture). Enfin, le principe selon lequel aucun moyen de contrainte ne doit être employé à titre de sanction disciplinaire est affirmé tandis qu'apparaît un droit d'initiative et de contrôle du personnel médical dans l'utilisation de ces moyens.

Le décret n° 83-48 du 26 janvier 1983 autorise les détenus punis à fumer et met fin à toute restriction à la correspondance familiale. Il assouplit la règle de l'interdiction des visites familiales lorsque le détenu placé en cellule de punition n'a pu avertir à temps les personnes titulaires d'un permis de visite de la sanction dont il est l'objet. L'astreinte au port du costume pénal fourni par l'administration disparaît. Bien plus encore, le décret renforce la connaissance des sanctions disciplinaires par le JAP. Il offre la possibilité au détenu de lui faire parvenir soit directement, soit par l'intermédiaire de son conseil, toutes observations utiles en ce qui concerne la décision prise à son égard.

Ouverture des recours juridictionnels. Malgré ces retouches favorables, au droit des détenus, l'action disciplinaire en prison ne s'est ouverte à la vie juridique qu'à la fin du XXe siècle. Depuis le célèbre arrêt *Marie* du 17 février 1995 où le Conseil d'État a estimé qu'une punition de cellule de 8 jours, au seul motif que l'intéressé s'était plaint par écrit du mauvais fonctionnement du service médical de l'établissement où il était incarcéré, est une mesure faisant grief susceptible d'un recours contentieux. Le juge est alors amené à connaître pour la première fois d'une telle sanction disciplinaire[4].

Soumission à la légalité. Dans le prolongement de cet incontestable progrès, le Décret n° 96-287 du 2 avril 1996 a apporté une modification sans précédent de la matière, confirmant ainsi l'évolution de la discipline pénitentiaire et son inscription dans une logique juridictionnelle. Le Décret du 2 avril 1996, en adoptant une énumération précise des fautes et des sanctions disciplinaires, a amplifié le mouvement. L'opération effectuée sur le modèle des incriminations pénales s'est assortie d'une corrélation entre la faute disciplinaire et la (ou les) sanction(s) applicable(s). Le droit disciplinaire pénitentiaire a gagné en normativité et, en se soumettant au principe de légalité[5], il a amorcé un rappro-

---

4 Concl. P. Frydman, *RFD adm.*, 1995, p. 353 et s. ; Notes N. Belloubet-Frier, *D.*, 1995, p. 381 et s. ; M. Lascombe et F. Bernard, *JCP.*, 1995, p. 173 et s. ; P. Couvrat, *Rev. sc. crim.*, 1995, p. 381 et s. ; L. Touvet et J.-H Stahl, *AJDA* 1995, p. 379 et s. ; G. Vlachos, *Petites affiches*, 1995, n° 51, p. 11 et s ; O. Gohin, *RD publ.*, 1995, p. 1338 et s. ; F. Moderne et J.-P. Céré, *RFD adm.* 1995, p. 822 et s.

5 V. F. Février, Le droit répressif pénitentiaire, *Rev. pénit.* 2009, p. 383.

chement avec le droit pénal qu'il n'est plus possible d'occulter.

Réformes législatives et réglementaires. La consécration plus générale au niveau international et régional des droits des détenus n'est pas étrangère à cette évolution[6]. C'est pourtant grâce à l'adoption d'une loi étrangère à l'administration pénitentiaire que le droit disciplinaire franchit une autre étape fondamentale, propre à asseoir le respect des droits de la défense et le principe du contradictoire. L'article 24 de la loi du 12 avril 2000, applicable à l'ensemble des administrations, a permis aux détenus de se faire assister par un avocat lors du procès disciplinaire[7].

Le décret n° 2007-814 du 11 mai 2007 (JO 12 mai 2007, p. 8713) a créé, quant à lui, un droit disciplinaire pénitentiaire spécifique pour les mineurs. Il apporte de profondes modifications procédurales et retouche l'ensemble des sanctions applicables afin de renforcer les garanties du mineur et l'individualisation du prononcé de la sanction.

Les réformes pénitentiaires consécutives s'inscrivent dans la continuité[8]. La loi pénitentiaire n° 2009-1436 du 24 novembre 2009[9] offre enfin un socle législatif au régime

---

6 V. J.P. Céré, *Le contentieux disciplinaire en prison et le droit européen*, Ed. L'Harmattan, 1999, p. 45 et s.

7 V. M. Herzog-Evans et E. Péchillon, L'entrée des avocats en prison et autres conséquences induites par la loi n° 2000-321 du 12 avril 2000, *D.* Chron. p. 481.

8 Sur les effets de cette transformation, C. Rostaing, Processus de judiciarisation carcérale : le droit en prison, une ressource pour les acteurs ?, *Droit et société*, 2007, n° 67, p. 577.

9 J.P. Céré, Virage ou mirage pénitentiaire ? À propos de la loi du 24 novembre 2009, *JCP G* 2009, n° 50, p. 47 ; J.P. Céré, Le nouveau droit pénitentiaire et le respect du droit européen. Esquisse de comparaison, *AJ Pénal* 2009, p. 476 ; M. Danti-Juan, Analyse critique du contenu de la loi dite « pénitentiaire », *Rev. Pénit.* 2010, p. 79 ; J.Ch. Froment, La loi pénitentiaire du 24 novembre 2009 : une amélioration modérée…, *RD publ.*, 2010, p. 687 ; M. Herzog-Evans (M.), La loi pénitentiaire n° 2009-1436 du 24 novembre 2009. Changement de paradigme pénologique et de toute-

disciplinaire des personnes détenues, imposant plusieurs contraintes inédites (art. L. 231-1 C. pénit. ; anc. art. 726 C. pr. pén.). L'élaboration d'un corpus de normes législatives était impérieuse, en matière disciplinaire comme, plus généralement, pour encadrer les atteintes aux libertés individuelles en détention[10]. Le décret d'application n° 2010-1634 du 23 décembre 2010 pris en conseil d'État devait s'accorder d'un certain nombre de précisions[11] : « 1° Le contenu des fautes disciplinaires, qui sont classées selon leur nature et leur degré de gravité ; 2° les différentes sanctions disciplinaires encourues selon le degré de gravité des fautes commises. Le placement en cellule disciplinaire ou le confinement en cellule individuelle ordinaire ne peuvent excéder vingt jours, cette durée pouvant toutefois être portée à trente jours pour tout acte de violence physique contre les personnes ; 3° La composition de la commission de disciplinaire, qui doit comprendre au moins un membre extérieur à l'administration pénitentiaire ; 4° La procédure disciplinaire applicable, au cours de laquelle la personne peut être assistée par un avocat choisi ou commis d'office, en bénéficiant le cas échéant de l'aide de l'État pour l'intervention de cet avocat ; 5° Les conditions dans les-

---

puissance administrative, *D.* 2010, p. 31 ; P. Lamothe (P.), Loi pénitentiaire et santé des détenus, *Gaz. Pal.* 28 janv. 2010, n° 28, p. 23 ; P. Poncela, Droits des détenus et mesures de détention, *Gaz. Pal.* 28 janv. 2010, n° 28, p. 20 ; E. Péchillon, Regard d'un administrativiste sur la loi pénitentiaire, *AJ Pénal* 2009, p. 473 ; F. Saint-Pierre et S. Cormier, L'avocat face à la nouvelle loi pénitentiaire, *Rev. Pénit.* 2010, p. 103 ; J.O. Viout, Vue d'ensemble sur la loi pénitentiaire, *Gaz. Pal.* 28 janv. 2010, n° 28, p. 15 ; M. Giacopelli, Le contenu de la loi pénitentiaire : des avancées encore insuffisantes, *RFD adm.* 2010, p. 25.

10 F. Février, nécessité (s) de la loi pénitentiaire, *RFD adm.* 2010, p. 15 ; J.P. Céré, Quand nécessité fait… Loi pénitentiaire, *Rev. Pénit.*, 2010, p. 57 ; L. Leturmy, Pour quelques idées plus précises sur la genèse de la loi pénitentiaire du 24 nov. 2009, *Rev. Pénit.* 2010, p. 67 ; J.O. Viout, La loi pénitentiaire du 24 novembre 2009… un long enfantement, *RFD adm.* 2010, p. 23.

11 Il est complété par la circulaire du 9 juin 2011 NORJUSESK1140024C.

quelles la personne placée en cellule disciplinaire ou en confinement dans une cellule individuelle exerce son droit à un parloir hebdomadaire ; 6° Les conditions dans lesquelles le maintien d'une mesure de placement en cellule disciplinaire ou en confinement dans une cellule individuelle est incompatible avec l'état de santé de la personne détenue. Le placement, à titre exceptionnel, des détenus mineurs de plus de seize ans en cellule disciplinaire ne peut excéder sept jours. En cas d'urgence, les détenus majeurs et les détenus mineurs de plus de seize ans peuvent faire l'objet, à titre préventif, d'un placement en cellule disciplinaire ou d'un confinement en cellule individuelle. Cette mesure ne peut excéder deux jours ouvrables. Lorsqu'une personne détenue est placée en quartier disciplinaire, ou en confinement, elle peut saisir le juge des référés en application de l'article L. 521-2 du code de justice administrative »[12].

Le terrain disciplinaire délaissé au pouvoir réglementaire s'est donc trouvé balisé. Le Conseil constitutionnel le place, de surcroît, sous une liberté normative « surveillée »[13]. En effet, il appartenait au décret d'application de la loi pénitentiaire « de ne pas définir des sanctions portant atteinte aux droits et libertés dont [les personnes détenues] bénéficient dans les limites inhérentes aux contraintes de la détention ». Ce n'est que sous ces réserves que « le renvoi au décret en conseil d'État pour définir les sanctions encourues autres que le placement en cellule disciplinaire et le confinement en cellule ordinaire ne méconnaît pas la compétence du législateur ». Il convient donc de considérer que les principes fondamentaux gouvernant la discipline pénitentiaire ressor-

---

12 J.P. Céré, Le droit pénitentiaire rénové. À propos des décrets des 23 et 30 décembre 2010, *JCP G*, 2011, p. 146.

13 Cons. Const., déc. n° 2009-593 DC du 19 nov. 2009. *AJDA* 2009, p. 2425, obs. P. Wachsmann ; D. 2009. 2797, obs. S. Lavric ; *ibid.* 2010, obs. Bernaud ; *Rev. sc. Crim.* 2010, p. 217, obs. B. De Lamy ; *RFDA* 2010, p. 34 ; *Rev. pénit.* 2009, obs. E. Péchillon.

tent de la loi, à l'instar de l'ensemble des « règles concernant les garanties fondamentales accordées aux personnes détenues qui doivent bénéficier des droits et libertés constitutionnellement garanties dans les limites inhérentes à la détention »[14].

Procès équitable. Avec ces réformes, la discipline pénitentiaire s'est véritablement inscrite dans un processus de mutation irréversible qui la conduit sur la voie du respect du droit à un procès équitable et la jurisprudence œuvre depuis dans cette direction[15]. Toutes les étapes n'en sont pas cependant encore franchies, en dépit des retouches apportées par la loi pénitentiaire du 24 novembre 2009 qui s'accommode de projets antérieurs[16]. En cherchant à adapter le droit disciplinaire aux nouveaux défis de gestion des établissements pénitentiaires, la dernière refonte imprimée par un décret du 13 février 2019 apporte un durcissement de la répression, ne serait-ce que par l'inflation des infractions du premier degré de gravité[17]. Précisons qu'une circulaire interprétative du

---

14 En ce sens encore, Cons. const. QPC 25 avr. 2014, req. n° 2014.393, *D.* 2014, p. 1235, obs. E. Péchillon ; *RFDA* 2015, p. 148, obs. J. Schmitz.

15 Par ex. Les dispositions de la loi pénitentiaire relatives à la réduction de la durée du placement en cellule disciplinaire pénitentiaire sont ainsi d'application immédiate, V. TA Grenoble, ord. 16 déc. 2009, *AJ Pénal* 2010, p. 93, obs. E. Péchillon ; *D.* 2010, p. 1380, obs. J.P. Céré.

16 V. E. Senna, Le projet de loi pénitentiaire : réforme ou mise en conformité ?, *Gaz. Pal.* 18 oct. 2008, n° 292, p. 4 ; E. Senna, Une gestation difficile : quel aboutissement pour la réforme pénitentiaire ? *in* V. Malabat, B. De Lamy, M. Giacopelli (dir.), La réforme du Code pénal et du Code de procédure pénale. *Opinio doctorum*, *Dalloz*, 2009, p. 381 ; J.P. Céré, Les soubresauts du droit pénitentiaire. Propos sur un projet de loi en souffrance *in* V. Malabat, B. De Lamy, M. Giacopelli (dir.), *La réforme du Code pénal et du code de procédure pénale. Opinio doctorum*, Dalloz, 2009, p. 357.

17 Décret n° 2019-98 du 13 février 2019 modifiant les dispositions réglementaires du code de procédure pénale relatives au régime disciplinaire des personnes détenues (JO 15 févr.) 16 fautes appartenant au premier degré (10 antérieurement), 16 au deuxième degré (16 antérieurement), 8 au troisième degré (11 antérieurement). V., en ce sens, M. H. Evans, Décret du 13 février 2019 sur la discipline pénitentiaire : un raidissement institutionnel et une occasion manquée, *AJ Pénal 2019*, p. 139.

directeur de l'administration pénitentiaire en date 8 avril 2019 a été rédigée en considération de ce décret. Cette dernière n'a toutefois pas été publiée. Elle donc doit être raisonnablement considérée comme *de facto* abrogée et l'administration ne saurait s'en prévaloir contre les personnes détenues[18]. La codification du droit pénitentiaire, intervenue à droit constant, n'a pas affecté l'architecture de l'édifice disciplinaire en prison[19]. C'est plus finalement, l'intégration fondatrice d'une procédure alternative aux poursuites devant la commission de discipline qui marque une nouvelle étape fondamentale dans l'évolution du droit disciplinaire pénitentiaire. La loi n° 2023-1059 du 20 novembre 2023 a initié cette procédure dont la mise en œuvre a été accomplie par le décret n° 2024-1062 du 25 novembre 2024. Il subsiste aujourd'hui un droit disciplinaire pénitentiaire sensiblement aligné sur le droit commun, tant sur le plan du droit substantiel (1re partie) que sur le plan des droits procéduraux (2e partie).

---

18 Art. R. 312-7 al. Code des relations entre le public et les administrations.

19 F. Habouzit, La codification du droit pénitentiaire, *Rev. sc. Crim.* 2022, p. 657 ; J.P. Céré, L'inédit code pénitentiaire, *D.* 2022, p. 686 ; M. Giacopelli, La France s'est dotée d'un code pénitentiaire, *Procédures*, n° 8-9, août 2022, étude 10 ; J. Falxa, Le code pénitentiaire : une codification à droit inconstant, *AJ Pénal* 2022, p. 295.

1re PARTIE

Le droit disciplinaire substantiel

La discipline pénitentiaire a longtemps ignoré les principes élémentaires de justice et de légalité. Aujourd'hui, sans méconnaître la spécificité des contraintes de la vie en réclusion, le droit se refuse à déserter le milieu carcéral. L'évolution normative abonde dans cette direction. La définition des infractions (chapitre I) et des sanctions disciplinaires (chapitre II) est le reflet le plus visible de l'ampleur des changements intervenus.

Chapitre 1. Les fautes disciplinaires

La volonté de garantir les droits fondamentaux de la personne au niveau de la procédure disciplinaire suppose une énumération des manquements à la discipline. Une définition ambitieuse doit toutefois préserver la sécurité et sauvegarder l'autonomie des autorités pénitentiaires. La définition existante accorde ces missions éloignées (Section 1), tout en excipant une parenté certaine avec le droit pénal (Section 2).

Section 1. La définition des fautes disciplinaires

La réglementation française dresse une liste de quarante-deux infractions à la discipline au sein de trois articles successifs. Dix-sept fautes appartiennent au premier échelon de qualification (art. R. 232-4 C. pénit.), dix-sept au deuxième échelon de la hiérarchie (art. R. 232-5 C. pénit.) et huit au dernier (art. R. 232-6 C. pénit.). Les fautes les plus graves dénotent une volonté manifeste d'attenter à la sécurité et à l'ordre de l'établissement et elles correspondent à des faits de nature pénale (§ 1), comme d'ailleurs les fautes graves (§ 2).

En ce sens, elles se distinguent des fautes légères qui figurent à l'article R. 232-6 du code pénitentiaire (§ 3) qui s'apparentent plutôt des infractions strictement disciplinaires.

§ 1. Les fautes disciplinaires très graves

Les fautes les plus graves correspondent au premier degré de la hiérarchie établie par la réglementation française. Parmi les comportements incriminés à ce titre à l'article R. 232-4 C. pénitentiaire, il n'est guère surprenant de constater que, pour une personne détenue :

1°) *le fait d'exercer ou de tenter d'exercer des violences physiques à l'encontre d'un membre du personnel de l'établissement ou d'une personne en mission ou en visite dans l'établissement pénitentiaire,* constitue la première des plus graves fautes. Il est vrai qu'une agression contre un membre du personnel met en jeu la sécurité la plus élémentaire de l'établissement. Elle revient à dénier toute autorité et, à ce seul titre, est dotée d'un caractère de gravité certain. Mais encore faut-il, pour se prévaloir de cette qualification, que le comportement du détenu soit réellement violent. Ainsi, un détenu qui bouscule légèrement un surveillant en tentant de le repousser ne se rend pas coupable d'une agression physique[20]. À l'inverse, commet une violence physique le détenu qui crache au visage d'un surveillant[21].

La distinction opérée dans le texte, entre le personnel pénitentiaire et les autres catégories de personnes reflètent sûrement cette conception. Elle permet néanmoins de couvrir toutes les hypothèses de violence exercées contre les personne amenée, à un titre ou à un autre, à se trouver dans

---

20 TA Versailles 24 mars 2005, req. n° 0405515. Dans cette affaire, le surveillant lui-même attestait que le détenu n'avait pas fait preuve de violence physique à l'égard du personnel de l'établissement pénitentiaire.

21 Cons. d'Et. 1er mars 2021, req. n° 436013.

l'enceinte de l'établissement (enseignant, formateur, bénévole, personnel médical, autorité judiciaire ou administrative, visiteur).

2°) *Le fait d'exercer ou de tenter d'exercer des violences physiques à l'encontre d'une autre personne détenue* englobe les violences et abus à connotation sexuelle. Encore faut-il que ce caractère de violence soit, là encore, déterminé. Le fait de pratiquer des caresses sur le bras et le dos d'un codétenu, sans que son sommeil n'en soit interrompu, ne remplit pas cette condition[22]. Les actes de violence exercés par une personne détenue en riposte à l'agression commise par un autre détenu apparaissent plus délicats. Alors que le fait justificatif de la légitime défense permet en droit pénal d'échapper aux poursuites, le Code pénitentiaire n'aborde pas le cas de la victime initiale d'une agression qui cherche simplement à se défendre.

Il n'est guère étonnant que les juridictions administratives aient été appelées à se prononcer sur la légitime défense. Les divergences initiales qui sont apparues soulignaient les difficultés à recourir à une notion de droit pénal. Dans un premier temps, quelques décisions ont refusé de se référer, faute de texte, à la légitime défense. Ainsi la réunion des conditions de la légitime défense (au sens de l'article 122-5 du Code pénal) n'a pas empêché la condamnation disciplinaire de l'agressé qui ne cherchait finalement qu'à se protéger[23]. De telles issues reniaient l'essence de la légitime défense. Sa finalité est précisément d'éviter toute mise en jeu de la responsabilité de l'agent en présence d'actes de vio-

---

22 TA Nantes 1er mars 2007, req. n° 055552.

23 TA Dijon 7 mars 2000, req. n° 986982/M ; TA Amiens, 20 juill. 2004, *D.* 2005, Panorama, p. 997, obs. M. Herzog-Evans. V. aussi TA Châlons-en-Champagne 5 avr. 2005, req. n° 0200029 (détenu sanctionné alors qu'il est admis qu'il a répliqué à son agresseur et que ce dernier n'avait pas subi de blessure dans la rixe).

lence, lorsque les conditions légales de la légitime défense sont remplies[24].

Confrontée toujours à ce vide juridique, la jurisprudence s'est attachée dans un second temps à recourir à la notion de légitime défense. Les juridictions estiment que le fait de se défendre en portant des coups peut être regardé, selon les circonstances, comme l'exercice d'une modalité de légitime défense. Ainsi, le seul fait de donner des coups ne justifie pas l'infliction d'une sanction disciplinaire si ces coups sont proportionnés à une agression dont le détenu aurait été victime[25]. Nonobstant cette évolution, il serait opportun de combler ce qui pourrait ressembler à un vide juridique.

3°) *Le fait d'opposer une résistance violente aux injonctions du personnel.* Ce comportement ajouté par le décret du 13 février 2019 (art. R. 232-4 3° C. pénit.) s'apparente à la rébellion définie par l'article 433-6 du Code pénal selon lequel est réprimé le fait « d'opposer une résistance violente à une personne dépositaire de l'autorité publique ou chargée d'une mission de service public agissant, dans l'exercice de ses fonctions, pour l'exécution des lois, des ordres de l'autorité publique, des décisions ou mandats de justice ». Dans l'attente de jurisprudence, on pourra considérer que peut entrer dans cette définition le fait de pousser la porte de la cellule contre un surveillant ou à l'inverse d'opposer une résistance violente en refusant de le laisser entrer dans la cellule, en mettant par exemple le pied dans l'entrebâillement de la porte.

4°) *Le fait d'obtenir ou de tenter d'obtenir par violence, intimidation ou contrainte, la réalisation d'un acte, un engagement, une renonciation ou un avantage quelconque* autorise à sanctionner deux sortes de comportements distincts. En premier lieu, cet article con-

---

24 Par ex. B. Bouloc, *Droit pénal général*, Ed. Dalloz, 27e éd. 2021, p. 381 et s. ; J. Pradel, Droit pénal général, Ed. Cujas, 22e éd. 2019, p. 329 et s.

25 CAA Marseille, 18 nov. 2019, req. n° 17MA03053 ; *Adde* CAA Marseille 11 déc. 2001, req. n° 98HA00849

cerne les rackets entre personnes détenues, organisés ou ponctuels, qui entachent les relations en détention, de même que les tentatives de rackets, assez fréquentes dans les coursives ou sur les cours de promenade. En second lieu, l'article s'adresse aussi au détenu qui exercerait des pressions sur un membre du personnel pour obtenir un avantage ou un bien quelconque en violation des prescriptions réglementaires.

Ces insultes ou menaces qui seront le plus fréquemment proférées par écrit ou par oral ne doivent pas s'inscrire dans un cadre privé. Ainsi il a été jugé que des propos insultant un surveillant tenus par un détenu lors d'une conversation téléphonique ne sont pas constitutifs de la faute prévue à l'article R. 232-4 du Code pénitentiaire, faute d'intention que ces propos lui soient rapportés[26].

5°) *Le fait de commettre intentionnellement des actes de nature à mettre en danger la sécurité d'autrui* permet de sanctionner de multiples agissements commis par les personnes détenues. On peut songer à l'individu qui trafique une prise électrique dans l'intention de provoquer un incident à l'encontre du prochain utilisateur... ou qui laisse un objet tranchant à un endroit où il sait qu'un agent mettra la main pour une fouille. Certaines situations se heurteront toutefois à des difficultés de preuve quant à la culpabilité du détenu. L'instruction disciplinaire devra démontrer la volonté délibérée de commettre l'infraction et arriver à déterminer la personne qui a réellement commis le fait répréhensible, ce qui ne semble pas évident dans les cellules occupées par plusieurs détenus, ou l'ayant été, avant que l'infraction ne soit découverte. Si l'acte est involontaire, la qualification retenue contre l'intéressé sera celle de l'art R. 232-5 3°, infraction du deuxième degré.

---

26 CAA Paris, 7 avr. 2016, req. n° 14PA01976, *AJ pénal* 2016, p. 283, obs. M. H. Evans ; *D.* 2016, p. 1224, obs. E. Péchillon.

6°) Le fait de provoquer par des propos ou des actes à la commission d'actes de terrorisme ou d'en faire l'apologie. Il s'agit, là encore, d'une nouvelle qualification prévue par le décret du 13 février 2019 qui vient renforcer la répression disciplinaire sans pour autant intégrer, assez curieusement, les actes les plus graves de l'acte terroriste lui-même.

7°) Le fait de participer ou de tenter de participer à toute action collective de nature à compromettre la sécurité des établissements ou en perturber l'ordre peut correspondre à des actes de mutinerie ou à des manifestations qui perturbent sérieusement l'organisation de l'institution au point, notamment, de nécessiter une intervention des forces de l'ordre pour y mettre un terme. Ainsi la participation à un mouvement collectif de protestation de détenus peut entrer dans la prévision de cet article[27]. Jusqu'au décret du 13 février 2019, le fait de participer à des actions collectives de nature à perturber l'ordre de l'établissement relevait d'un degré de gravité moindre. Le critère de différenciation entre la mise en jeu de la « sécurité » et de « l'ordre » pouvait s'apprécier eu égard à la nécessité de faire appel à des renforts de personnel ou aux forces de l'ordre pour que cesse un mouvement de contestation des détenus. Il n'a plus désormais lieu d'être, sauf à en tenir compte dans le *quantum* de la sanction. Par exemple, l'ordre de l'établissement est perturbé lorsque des détenus, avertis du retard de leur professeur de sport, escaladent le grillage séparant la zone de promenade du terrain de sport[28] ou bien par la remise d'un imprimé type demandant l'application d'une disposition du code pénitentiaire, rédigé par un détenu et signé par sept autres du même établissement[29].

---

27 TA Melun 23 mars 2000, req. n° 98-5763 ; TA Melun, 23 mars 2000, req. n° 99-3657.

28 CAA Nantes 30 sept. 2009, req. n° 09NT02315.

29 TA Rennes, 10 sept. 2014, *AJ pénal* 2014, p. 547, obs. E. Péchillon.

8°) *Le fait de participer à une évasion ou une tentative d'évasion* doit être apprécié par référence à la définition pénale de l'évasion (art. 434-27 et s. C. pén.). En effet, constitue une évasion punissable le fait, pour une personne détenue, de se soustraire à la garde à laquelle elle est soumise. Nombre de comportements peuvent emporter une sanction disciplinaire au regard du caractère général de la définition retenue. L'infraction de l'article R. 232-4 8° doit couvrir bien sûr l'hypothèse du détenu qui s'évade de prison, y compris par ruse ou par défaut de vigilance du personnel pénitentiaire, mais aussi d'autres situations telles que, par exemple, le fait pour un détenu classé par le chef d'établissement en corvée extérieure de se soustraire à la garde du personnel chargé de veiller sur sa personne ou de s'évader du fourgon cellulaire qui servait à son extraction pour le palais de justice[30]. Il en va de même pour la personne détenue qui tente de s'évader du tribunal devant lequel elle comparaissait[31]. Le fait que l'action se déroule à l'extérieur de l'établissement pénitentiaire est sans incidence sur les poursuites disciplinaires. En revanche, le détenu qui arrive en retard de permission de sortir, car le conducteur qui le ramenait a fait l'objet d'un contrôle policier, ne peut être poursuivi pour évasion. L'élément intentionnel est absent[32].

9°) *Le fait de causer ou de tenter de causer délibérément aux locaux ou au matériel affecté à l'établissement un dommage de nature à compromettre la sécurité l'ordre ou le fonctionnement normal de celui-ci* est à distinguer du fait de causer « un dommage » qui constitue une infraction du deuxième degré (art. R. 232-5 10°). Le critère de gravité s'entend par la relation que le dommage entretient avec la sécurité (destruction de matériel de surveil-

---

30 TA Marseille 5 nov. 1996, cité *in* M. Herzog-Evans et J.P. Céré, la discipline pénitentiaire : naissance d'une jurisprudence, *D.* 1999, chron. p. 511.

31 TA Rennes 9 avr. 2003, req. n° 01-604.

32 TA Caen 10 oct. 2000, *D.* 2002, chron. p. 115, obs. M. Herzog-Evans.

lance comme une caméra par ex.) ou au regard de ses conséquences (saccage d'une cellule, dévastation d'un lieu collectif).

10°) *Le fait d'introduire ou de tenter d'introduire au sein de l'établissement tous objets, données stockées sur un support quelconque ou substances de nature à compromettre la sécurité des personnes ou de l'établissement, de les détenir ou d'en faire l'échange contre tout bien, produit ou service,* est indispensable au bon fonctionnement de l'institution (art. R. 232-4 10°). Les armes ou explosifs par nature sont à l'évidence interdits, de même que la possession d'objets dangereux, transformés ou non (fourchettes affûtées ou couteaux de cantine aiguisés, lames de rasoir modifiées de manière artisanale, outils utilisés normalement pendant le temps de travail). Mais, la définition large de cet article permet d'y inclure tous les objets ou produits qui présentent de manière plus ou moins subjective un danger potentiel pour la sécurité dans la mesure où sont visés aussi bien les objets licites que ceux illicites. La précision relative « aux données stockées sur un support quelconque » permet d'inclure tous les objets numériques ou informatiques (ordinateurs, clefs USB, disques durs externes…). À l'évidence, ce texte doit s'appliquer aux téléphones portables et smartphones à l'aune de leur caractère dangereux admis par la jurisprudence antérieure[33]. La méthode d'introduction au sein de l'établissement et la manière dont l'objet a été découvert sont sans importance[34].

---

33 CE 4 févr. 2013, req. n° 344266, *Dalloz Actu.*, 16 févr. 2013, obs. M. C. de Montecler ; *D.* 2013, p. 1306, obs. M. Herzog-Evans ; *AJDA* 2013, p. 321 ; *Rev. pénit.* 2013, p. 393, obs. J. P. Céré. – TA Nantes, 27 oct. 2004, *D.* 2005, p. 997, obs. Herzog-Evans. *Contra* CAA Nancy 23 sept. 2010, req. n° 09NC01262. Il s'agissait d'un détenu sanctionné pour avoir passé des communications à ses proches avec un téléphone portable qui avait été trouvé à ses côtés dans une salle de sport.

34 CAA Lyon 20 oct. 2022, req. n° 20LY0709, *D.* 2023, p. 1093, obs. E. Péchillon et S. Renard.

À l'évidence, le rapport d'enquête doit contenir tous éléments permettant d'établir que les faits reprochés ont bien été commis par le détenu condamné[35]. Les seules assertions d'un surveillant ne sauraient établir la matérialité des faits reprochés à un détenu[36].

11°) *Le fait d'introduire ou tenter d'introduire au sein de l'établissement des produits stupéfiants, ou sans autorisation médicale, des produits de substitution aux stupéfiants ou des substances psychotropes, de les détenir ou d'en faire l'échange contre tout bien ou service,* est punissable. La prison est, malheureusement, perméable à la diffusion de stupéfiants et à l'organisation de trafics internes. Leur découverte épisodique, à l'occasion de fouilles obligatoires ou inopinées, le rappelle opportunément. Ainsi la découverte de hachisch dans le paquetage d'un détenu est réprimée[37]. La détention de cannabis suffit à elle seule, pour entrer en voie de condamnation. La « circonstance, à la supposée établie, que le requérant n'aurait pas eu l'intention d'en être détenteur, est sans influence sur la légalité de la décision attaquée »[38]. L'ingéniosité développée par certains détenus, pour concevoir ou se procurer un succédané des substances définies par le code de la santé publique est également passible de sanction. Toute détention d'une substance de nature à présenter un danger pour la sécurité des personnes ou de l'établissement est donc prohibée.

12°) *Le fait de proférer des insultes, des menaces ou des propos outrageants à l'encontre d'un membre du personnel de l'établissement, d'une personne en mission ou en visite au sein de l'établissement pénitentiaire*

---

35 CAA Douai 19 juill. 2019, req. n° 18DA00689 (téléphone portable trouvé dans le bac du réfrigérateur d'une cellule nouvellement occupée par un détenu, en l'absence dans le rapport d'enquête d'état des lieux de la cellule réalisé avant son entrée).

36 TA Lyon 14 déc. 2018, req. n° 1607705.

37 TA Lyon 11 avr. 2000, req. n° 9600703.

38 CAA Nancy 27 mai 2010, req. n° 09NC00979 ; TA Nancy 28 févr. 2005, req. n° 02NC00857.

ou des autorités administratives ou judiciaires est, en quelque sorte, le pendant et le complément de l'infraction prévue par l'article R. 232-4 1° du code pénitentiaire. Ces deux articles ont vocation à couvrir l'ensemble des agressions portées contre les personnes. Une violence physique est sanctionnée par une faute du premier degré, les menaces ou les insultes, par une faute du deuxième degré. Il convient de remarquer cependant que la terminologie employée permet d'appliquer les textes quelle que soit la catégorie de personnels considérée ou le motif de la présence en détention de la victime, dès lors qu'elle y exerce une mission ou qu'elle y effectue une visite. Ces dernières précisions écartent, par contre, l'hypothèse où un détenu serait la victime. Les violences physiques exercées à l'encontre d'une autre personne détenue sont réprimées par l'article R. 232-4 2° (faute du premier degré), tandis que les insultes et les menaces sont sanctionnées par un article distinct (art. R. 232-4 12°). Cet article concerne tous les cas de menaces[39] ou d'insultes[40] commises par oral, par geste ou sur un support écrit qui se distingue de la correspondance (V. art. R. 232-5 6° C. pénit.). Toutefois lorsqu'un détenu converse avec ses proches - dans un parloir, dans un courrier ou lors d'une conversation téléphonique depuis un téléphone « pénitentiaire » -, bien que les propos soient susceptibles d'être entendus par un membre du personnel, ils ne sont pas proférés à leur intention. Les propos tenus ne peuvent donc donner lieu à une sanction disciplinaire[41].

---

39 Il convient d'entendre par menaces « les comportements marquant une hostilité, une intimidation, ou une manifestation de violence par laquelle on manifeste à autrui l'intention que l'on a de lui faire du mal », circ. 9 juin 2011, préc., n° 1.1.

40 Par insultes, il faut entendre « l'atteinte à l'honneur ou à la dignité de quelqu'un tandis que les outrages consistent davantage à porter atteinte au respect dû à la fonction », circ. 9 juin 2011, préc., n° 1.1.

41 CAA Paris 7 avr. 2016, req. n° 14PA01976, *D.* 2016, p. 1220, obs. E. Péchillon.

13°) *Le fait de proférer des insultes ou des menaces à l'encontre d'une personne détenue* est aujourd'hui une infraction du même degré de gravité que les actes identiques commis à l'encontre d'autres personnes (auparavant cette infraction relevait du troisième degré de gravité). L'incrimination permet de sanctionner les propos injurieux ou menaçants tenus verbalement ou par écrit. La seule différence tient à l'absence de qualification et donc de poursuites possible pour « outrage », pour des faits commis à l'encontre d'une personne détenue. Notons qu'en cas d'insultes, le détenu ne saurait se justifier en affirmant que les affirmations tenues seraient exactes, à défaut en tout cas de le démontrer[42].

14°) *Le fait de franchir ou tenter de franchir les grillages, barrières, murs d'enceinte et tous autres dispositifs anti-franchissement de l'établissement, d'accéder ou tenter d'accéder aux façades et aux toits de l'établissement ainsi qu'aux chemins de ronde, aux zones neutres et aux zones interdites visées par le règlement intérieur ou instruction particulière arrêtée par le chef d'établissement.*

15°) *Le fait de capter, fixer ou enregistrer ou tenter de capter, fixer ou enregistrer, par quelque moyen que ce soit, des images ou des sons dans un établissement ou de diffuser ou tenter de diffuser, par quelque moyen que ce soit, des images fixées ou des sons captés dans un établissement, ou de participer à ces captation, fixation, enregistrement ou diffusion.* Cette infraction concerne aussi bien les faits de captation, de fixation que de diffusion sans distinction de support. Elle s'applique aux situations de diffusion aussi bien à l'intérieur qu'à l'extérieur de l'établissement.

15° bis) *Le fait de procéder, durant une activité, à des agissements de harcèlement moral ou de harcèlement sexuel.*

16°) *Le fait d'inciter une personne détenue à commettre l'un des manquements énumérés par le présent article ou de lui prêter assistance à*

42 TA Rouen 10 mars 2005, req. n° 0300505. Le détenu affirmait en l'espèce qu'une surveillante de l'établissement faisait sortir ses courriers et qu'il entretenait une relation amoureuse avec elle.

cette fin permet de déclencher des poursuites disciplinaires à l'encontre de celui qui a été à l'origine d'une infraction accomplie par d'autres prisonniers ou qui en est le complice.

§ 2. Les fautes disciplinaires graves

1°) *Le fait de refuser de se soumettre à une mesure de sécurité définie par une disposition législative ou réglementaire, par le règlement intérieur de l'établissement pénitentiaire ou par toute autre instruction de service ou de refuser d'obtempérer immédiatement aux injonctions du personnel de l'établissement* correspondent depuis le décret du 19 février 2019 à des infractions de degré identique. Antérieurement, seul le refus d'obéissance de la personne détenue en rapport avec une mesure de sécurité relevait du deuxième degré de gravité (ex. refus de se soumettre à une fouille, de décliner son identité, braver l'interdiction de correspondre avec certaines personnes[43] ou encore escalader à deux reprises le grillage et le mur d'enceinte[44]. Le refus d'obtempérer aux injonctions des membres du personnel, sans lien avec la sécurité, figurait parmi les infractions du troisième degré (ex. détenu qui n'acquiesce pas à l'ordre de quitter un muret sur lequel il est assis pendant une visite familiale[45] ou qui reste au quartier disciplinaire à l'issue de la sanction prononcée[46] ou encore qui refuse de sortir d'une cabine téléphonique[47].

Pour distinguer entre l'un ou l'autre degré de gravité de l'infraction, le président de la commission de discipline était tenu de ne prendre en compte que les faits commis par

---

43 TA Toulouse 28 févr. 2005, req. n° 0400275.

44 CAA Nantes 30 sept. 2009, req. n° 09NT02314.

45 Cons. d'Et. 20 mai 2011, *AJ Pénal* 2012, p. 177, obs. M. H. Evans.

46 CAA Lyon, 24 mars 2014, req. n° 13LY01360, *Rev. pénit.* 2014. 391, obs. J.P. Céré.

47 Cons. d'Et. 15 déc. 2017, *AJDA* 2018, p. 460, concl. A. Bretonneau ; *AJ Pénal* 2018, p. 105, obs. M. H. Evans ; *D.* 2018, p. 1175, obs. E. Péchillon ; CAA Bordeaux 12 avr. 2019, req. n° 17BX03984.

l'intéressé et le contexte dans lequel ils étaient intervenus[48]. Nonobstant cet alignement, il faut toujours convenir que le comportement général du détenu depuis le début de son incarcération ne peut être considéré que pour fixer le quantum de la sanction et non pour déterminer la nature du manquement[49].

On peut toutefois relever que, dans des situations très spécifiques, le détenu puisse légitimement refuser de se soumettre à un ordre au nom du respect de son droit à la dignité. Il en a été jugé ainsi à propos d'un détenu qui avait refusé de retirer ses sous-vêtements lors d'une fouille intégrale à la sortie du parloir, malgré les demandes répétées des surveillants présents qui se conformaient à une note de service du chef d'établissement. Celle-ci imposait deux mois durant, des fouilles individuelles intégrales systématiques à l'issue des parloirs avec une personne extérieure[50].

L'hypothèse où un ordre serait manifestement de nature à porter une atteinte à la dignité de la personne humaine reste donc l'unique cas permettant d'échapper légalement à une sanction[51].

---

48 CE 14 mars 2011, req. n° 308167 ; *AJDA* 2011. 1048 ; *D.* 2011. 1306, obs. E. Péchillon.

49 CE 15 déc. 2017, req. n° 403701, Dalloz actu., 4 janv. 2018, obs. J.M. Pastor ; *AJDA* 2017. 2498 et *AJDA* 2018. 460, concl. A. Bretonneau ; *AJ pénal* 2018, p. 106, obs. M. H. Evans ; *D.* 2018, p. 1178, obs. E. Péchillon.

50 CAA Douai 7 déc. 2017, req. n° 16DA00715, *AJDA* 2018, p. 1041, note D. Costa ; V. aussi CAA Lyon 2 sept. 2019, req. n° 17LY02775 (refus de se soumettre à une fouille intégrale considérée comme portant atteinte à la dignité du détenu, celle-ci n'ayant pas été prise en fonction de son comportement, de ses agissements antérieurs ou des circonstances de ses contacts avec des tiers. Au demeurant, il est constant que l'intéressé ne s'était pas opposé à toutes mesures de fouille mais seulement à une fouille corporelle intégrale, avant de s'y soumettre).

51 Cons. d'Et. 3 oct. 2018, *AJDA* 2018, p. 1934 ; *AJ Pénal* 2018, p. 533, obs. M. H. Evans ; *JCP Adm.*, p. 2326, obs. S. Renard ; Cons. d'Et. 21 nov. 2018, req. n° 410722, *AJDA* 2019, p. 915.

2°) *Le fait d'obtenir ou de tenter d'obtenir d'un membre du personnel de l'établissement ou d'une personne en mission au sein de l'établissement un avantage quelconque par des offres, des promesses, des dons ou des présents,* ressemble à de la corruption active. La tentative étant répréhensible, le refus de la personne sollicitée est sans influence sur la décision de mise en œuvre des poursuites.

2° bis) *Le fait de communiquer irrégulièrement avec toute personne située à l'extérieur de l'établissement.*

3°) *Le fait de mettre en danger la sécurité d'autrui par une imprudence ou une négligence* n'implique pas la constatation d'une intention malveillante qui caractérise d'autres infractions plus sévères (cf. not. article R. 232-4 5° C. pénit.).

4°) *Le fait d'imposer à la vue d'autrui des actes obscènes ou susceptibles d'offenser la pudeur* est une qualification suffisamment large pour permettre de sanctionner les rapports sexuels pratiqués dans certains lieux (douches, parloirs), mais aussi des actes moins graves comme le fait de baisser son pantalon en présence d'une visiteuse, dans un box fermé[52]. Toutefois, la prohibition d'une relation sexuelle durant un parloir suppose, sur le fondement de cet article, que l'acte en question soit exposé à la vue d'autrui. Tel n'est pas le cas lorsque personne ne voit pas le rapport sexuel et que l'administration en a connaissance uniquement parce que le détenu s'est rendu immédiatement après au service médical[53].

5°) *Le fait de formuler des outrages ou des menaces dans les lettres adressées aux autorités administratives et judiciaires* complète l'article R. 232-4 12° en ciblant ici les outrages ou les menaces accomplis par courrier.

6°) *Le fait de formuler dans les lettres adressées à des tiers, des menaces, des injures ou des propos outrageants à l'encontre de toute personne ayant mission dans l'établissement, ou à l'encontre des autori-*

---

52 TA Marseille 9 nov. 1999, req. n° 9902112.

53 TA Marseille 25 oct. 2007, *AJ Pénal* 2008, p. 43, obs. M. Herzog-Evans.

tés administratives et judiciaires, ou de formuler dans ces lettres des menaces contre la sécurité des personnes ou de l'établissement vise le courrier adressé à toutes personnes autres que celles qualifiées par l'article précédent. Le détenu peut être sanctionné dans trois types de circonstances. Soit il formule des menaces ou des injures visant le destinataire lui-même ; soit il tient des propos outrageants à l'encontre d'une personne exerçant une mission dans l'établissement ou à l'encontre des autorités administratives et judiciaires dont la liste figure au sein de l'article D. 345-10 C. pénit. ; soit il formule des menaces relatives à la sécurité de l'établissement sans viser une personne nominativement (par ex. préparatifs d'évasion, de prise d'otage).

7°) *Le fait de se soustraire à une sanction disciplinaire prononcée à son encontre* concerne plusieurs cas de figure. Il peut s'agir d'une personne détenue sanctionnée et qui refuse d'exécuter la sanction qu'il avait préalablement acceptée (ex. travaux de nettoyage des locaux) ; de celui qui n'accepte pas la sanction (refus de se laisser conduire au quartier disciplinaire sans manifester de violence particulière) ; de celui qui, enfin, détourne les prescriptions imposées par la sanction (détenu isolé qui se fait remettre des denrées ou des objets qu'il lui est interdit de posséder le temps de la punition).

8°) *Le fait d'enfreindre ou de tenter d'enfreindre les dispositions législatives ou réglementaires, le règlement intérieur de l'établissement, défini aux articles* L. *112-4 et* R. *112-22 ou toute autre instruction de service applicable en matière d'introduction, de détention, de circulation ou de sortie de sommes d'argent, correspondance, objets ou substances quelconque hors les cas prévus aux 10° et 11° de l'article* R. *232-4* permet de sanctionner toute manœuvre destinée à faire entrer ou sortir de l'établissement tout objet en violation avec les dispositions normatives en vigueur et les échanges de correspondance entre une personne détenue et son visiteur. Le champ d'application de cet article est suffisamment large pour englober les velléités de trafic de sommes d'argent, d'objets ou de substances quelconques (par ex. matériel ou nourriture disponible en cantine).

9°) *Le fait de causer délibérément un dommage aux locaux ou au matériel affecté à l'établissement, hors le cas prévu au 9° de l'article* R. *232-4,* appelle une nouvelle fois à distinguer la gravité de la faute selon que les agissements du détenu auront compromis, ou non, la sécurité de l'établissement. En vertu de l'article D. 332-18 C. pénit., rien ne s'oppose à ce que cette sanction soit assortie d'une retenue au profit du trésor public en réparation des dommages matériels causés.

10°) *Le fait de causer délibérément un dommage à la propriété d'autrui* concerne les hypothèses de dégradation de biens appartement à des tiers quels qu'ils soient, dont ceux d'un codétenu partageant la cellule avec l'auteur de l'infraction.

11°) *Le fait de commettre ou tenter de commettre un vol ou toute autre atteinte frauduleuse à la propriété d'autrui* concerne les soustractions commises au détriment de toute personne (y compris les codétenus), comme celles portant sur un bien appartenant à l'Administration pénitentiaire. En présence de menaces, de contraintes, de violences, les faits sont assimilés à du racket et font l'objet d'une incrimination du premier degré (art. R. 232-4 4°).

12°) *Le fait de consommer des produits stupéfiants* est expressément répréhensible.

13°) *Le fait de consommer, sans autorisation médicale, des produits de substitution aux stupéfiants, des psychotropes ou des substances de nature à troubler le comportement* concerne les hypothèses où la personne détenue consomme, sans autorisation du corps médical, tout médicament pouvant affecter son comportement ou tout autre succédané pouvant le conduire au même résultat (consommation illicite ou abusive de médicaments).

14°) *Le fait de se trouver en état d'ébriété* concerne les cas, et l'hypothèse n'est pas surfaite, où le détenu parviendra à s'enivrer en consommant de l'alcool (dont la vente est interdite en cantine par l'article R. 332-33 C. pénit.

15°) *Le fait de provoquer un tapage de nature à troubler l'ordre de l'établissement* doit permettre de sanctionner tous les comportements (musique, chants, cris…), dès l'instant où ils dépassent le seuil de tolérance exprimé par le texte, à savoir quand un trouble à l'ordre de l'établissement est constaté.

16°) *Le fait d'inciter ne personne détenue à commettre l'un des manquements énumérés au présent article ou de lui prêter assistance à cette fin* est la reproduction de l'article R. 232-4 16°, appliquée à ce degré d'infraction.

§ 3. Les fautes disciplinaires légères

1°) *Le fait de ne pas respecter les dispositions du règlement intérieur de l'établissement ou les instructions particulières arrêtées par le chef d'établissement* suppose que leur contenu soit suffisamment explicite et, surtout, accessible aux détenus. La seconde de ces exigences ne pose pas de difficulté particulière. La première, pour le moins imparfaitement remplie pour l'instant dans les prisons françaises, laisse planer quelques incertitudes sur les effets de cette qualification très générale. Il faut espérer que cet article, dont la présence s'explique par le souci de permettre aux présidents de la commission de discipline de sanctionner le non-respect des particularismes propres à leur établissement, ne soit pas dénaturé par un usage trop fréquent. Le risque est toutefois contrebalancé par l'obligation de publicité des décisions prises par les chefs d'établissements. Il est difficile de motiver une sanction pour violation d'une règle dont le détenu n'aurait pas été au préalable informé[54]. De surcroît, le juge administratif peut estimer que l'absence d'actualisation du règlement intérieur le rend inopposable et en conséquence prononcer l'annulation d'une sanction disciplinaire pour absence de base légale[55].

2°) *Le fait d'entraver ou de tenter d'entraver les activités de travail, de formation, culturelle, cultuelles ou de loisirs* s'adresse au détenu qui perturbe avec plus ou moins de succès une activité collective.

3°) *Le fait pour un détenu de communiquer irrégulièrement avec une personne détenue* vise les hypothèses - et elles peuvent être nombreuses - où un détenu parvient à entrer en communication avec un autre détenu (par ex. échange d'écrits avec un codétenu en dépit d'une interdiction de communiquer du juge d'instruction).

4°) *Le fait de négliger de préserver ou d'entretenir la propreté de sa cellule ou des locaux communs ou de prendre soin des objets mis à disposition par l'administration* peut se heurter à des difficultés de preuve. Les sanctions collectives étant prohibées, la détermination du vrai responsable n'est pas aisée quand plusieurs détenus occupent une même cellule ou sont amenés à utiliser un local commun.

5°) *Le fait de jeter tout objet ou substance par les fenêtres de l'établissement* est un comportement malheureusement courant dans certains établissements, particulièrement dans ceux accueillant des jeunes détenus, qu'il convient de prendre en compte par la création d'une infraction autonome. Il ne s'agit pas d'une faute nécessitant la recherche d'un élément

---

54 Pour une annulation d'une sanction disciplinaire, justement parce que l'administration n'est pas en mesure de prouver que le détenu en a été informé, TA Limoges 1er déc. 2005, *D.* 2006, p. 1082, obs. E. Péchillon ; CAA Nantes 30 déc. 2008, *D.* 2009, p. 1377, obs. M. Herzog-Evans.

55 TA Nantes 29 mars 2007, req. n° 041089.

intentionnel[56]. Mais, elle n'est pas matérialisée par le seul fait de déposer des restes de repas sur le bord d'une fenêtre[57].

6°) *Le fait de faire un usage abusif ou nuisible d'objets autorisés par le règlement intérieur* réclame, au préalable, que le règlement intérieur de l'établissement où l'infraction a été constatée détermine clairement la liste des objets autorisés.

7°) *Le fait de pratiquer des jeux interdits par le règlement intérieur* a pour finalité d'interdire les paris de toutes sortes ou les jeux de nature à perturber la détention.

8° *Le fait d'inciter une personne détenue à commettre l'un des manquements énumérés au présent article ou lui prêter assistance à cette fin.*

Le recensement des agissements considérés comme fautifs en prison souligne l'effort de la réglementation dans le sens d'une meilleure définition des infractions disciplinaires mais la classification adoptée appelle des observations complémentaires.

Section 2. Les caractéristiques des fautes disciplinaires

La subordination du pouvoir disciplinaire aux droits fondamentaux reconnus à chaque individu était devenue inéluctable en prison, sous la pression conjuguée de la jurisprudence de la Cour européenne des droits de l'homme et celle, plus récente, du Conseil d'État. Parmi les garanties inhérentes au respect de cette exigence, la qualification des agissements constitutifs d'une infraction disciplinaire apparaît comme la première démarche à entreprendre. Tant qu'il n'a pas su circonscrire le champ des contestations en matière disciplinaire, le droit pénitentiaire était arbitraire. En énumé-

---

56 TA Clermont-Ferrand, 15 déc. 2005 et TA Clermont-Ferrand, 29 juin 2006, *D.* 2007, p. 1231, obs. M. Herzog-Evans.

57 CAA Lyon 9 oct. 2008, req. n° 06LY01498.

rant de façon exhaustive les fautes disciplinaires et en se soumettant au principe de légalité, la répression disciplinaire en prison se rapproche sensiblement du droit pénal (§ 1). Les quelques différences constatées ne parviennent pas à atténuer ce rapprochement (§ 2).

§ 1. Les emprunts des fautes disciplinaires au droit pénal

Objectifs de la discipline. L'action disciplinaire s'inscrit, au premier abord, dans une perspective de maintien de l'ordre au sein de la communauté carcérale et sert les exigences de sécurité qui gouvernent la vie de tout établissement pénitentiaire. L'impasse sur tout autre objectif ne peut pourtant être totale. L'exercice de l'action disciplinaire est, depuis longtemps, sous influence du principe d'individualisation de la peine. Outre la prise en compte des circonstances de l'infraction, les données relatives à la personnalité de leur auteur doivent être prises en considération. L'apparition plus perceptible et surtout plus influente d'autres principes connus du droit pénal nécessite des remarques complémentaires.

Niveau formel. Au point de vue formel, on ne peut manquer de remarquer le classement tripartite des infractions disciplinaires à l'image de la partition entre crime, délit et contravention et de rappeler que la distinction opérée par le nouveau Code pénal dépend justement de la gravité de l'infraction, au lieu de se référer, comme par le passé, à la peine encourue (V. art. 111-1 C. pén.). Certes, chaque groupe d'infractions ne reçoit pas de qualificatif particulier mais, dans un souci de clarification, la pratique pourra suppléer cette absence. Ensuite, le vocabulaire utilisé pour définir chacune des infractions disciplinaires ne s'éloigne pas de la philosophie du Code pénal (« le fait de... constitue » ; la reprise de l'adverbe « délibérément »).

Niveau substantiel. Sur le fond, des similitudes certaines avec le droit pénal existent indéniablement. Tout d'abord, il est évident que la soumission de la discipline en prison au principe de légalité empêche toute poursuite. En l'absence de qualification disciplinaire des faits reprochés au détenu, la sanction ne peut qu'être annulée[58], même s'il arrive qu'un raisonnement par analogie soit parfois admis par le juge administratif. Ainsi, un comportement immoral au téléphone a-t-il pu être sanctionné pour violation d'un texte visant les communications irrégulières avec l'extérieur[59]. Ensuite, les comportements qualifiés par les textes de fautes disciplinaires n'empêchent pas de considérer que la plupart sont aussi des infractions pénales (quasiment toutes pour le premier et le deuxième niveau de la hiérarchie disciplinaire). Mais c'est surtout, enfin, par l'emprunt de notions propres au droit pénal que le rapprochement se vérifie. La réplique du délit de mise en danger d'autrui est intégrée à l'arsenal de la répression disciplinaire (art. R. 232-4 5° ; R. 232-5 3° C. pénit.), la sanction de l'incitation à la commission d'une infraction disciplinaire est généralisée, la tentative aussi, de même que la complicité au travers du fait « de prêter assistance » à la commission d'une infraction (art. R. 232-4 16° ; R. 232-5 16° ; R. 232-6 8°). La reprise, dans le champ disciplinaire, d'infractions non intentionnelles complète encore le tableau (art. R. 232-5 3°). L'univers carcéral se prête à la commission d'infractions involontaires tant il est vrai que tout est prétexte à réglementation mais celles-ci doivent receler un degré de gravité certain pour déclencher des poursuites disciplinaires.

Deux conditions sous-jacentes dans la définition des infractions disciplinaires nécessitent encore d'être soulignées. La

---

58 TA Rouen 11 mai 2000, *D.* 2002, p. 116, obs. M. Herzog-Evans.

59 TA Châlons-en-Champagne 12 mars 2002, *D.* 2003, chron. p. 922, obs. critiques M. Herzog-Evans.

plupart réclament une intention coupable avérée (toutes en ce qui concerne la première catégorie) et supposent que les poursuites soient motivées. De simples présomptions ne suffisent pas. À titre d'exemple, pour un « tapage de nature à troubler l'ordre de l'établissement », le trouble provoqué doit être caractérisé. Pour « les outrages ou les menaces dans les lettres adressées aux autorités administratives et judiciaires, seule une plainte de la personne concernée, eu égard à la confidentialité de ce type de correspondance, justifie d'engager la procédure disciplinaire.

Le contenu de chaque infraction ainsi circonscrit et son degré de gravité précisé accroissent d'autant mieux la protection des droits du détenu, que l'énumération est assortie d'une liste de sanctions. Ainsi perçues, les ressemblances entre le droit disciplinaire pénitentiaire et le droit pénal sont devenues assez frappantes, en dépit d'inéluctables différences.

§ 2. Les particularismes des fautes disciplinaires

Tout en se soumettant au principe de légalité et en relevant parmi les comportements interdits des infractions pénales, la réglementation disciplinaire pénitentiaire conserve un particularisme certain. Il se traduit à la fois par des différences générales (A) et particulières (B) avec le droit pénal.

A. Les différences générales avec le droit pénal

Autonomie. Rien ne souligne mieux le particularisme du droit disciplinaire en prison que les quelques éléments qui le séparent du droit pénal. Certes, des fautes commises en détention par les détenus sont assimilables à des infractions du Code pénal mais une définition autonome les caractérise, souvent dans un sens favorable à la répression. Quelques exemples suffisent à s'en persuader.

L'article R. 232-4 7° C. pénit. concerne les mutineries ou les rébellions sanctionnées aussi par le Code pénal. L'article 433-6 C. pén. les définit comme le fait d'opposer une résistance violente au dépositaire de l'autorité publique ou à la personne chargée d'une mission de service public. Échappent donc à cette qualification tous les mouvements de détenus effectués sans violence. Le droit pénitentiaire opte, quant à lui, pour une définition plus large permettant de sanctionner tous les agissements, même non violents, dès lors qu'ils compromettent la sécurité de l'établissement ou simplement l'ordre carcéral (par ex. refus de remonter aux cellules après la promenade, refus des plateaux-repas) (art. R. 232-4 7°).

La reprise de l'article 223-1 C. pén. relatif à la mise en danger d'autrui passe également par quelques aménagements. Le critère d'immédiateté du risque causé n'apparaît pas en tant que tel dans la définition retenue par le droit pénitentiaire, qu'il soit intentionnel (art. R. 232-4 5° C. pénit.) ou bien le résultat d'une imprudence (art. R. 232-5 3° C. pénit.). De même, le fait d'exposer autrui à un risque de mort ou de blessures de nature à entraîner une mutilation ou une infirmité permanente est apprécié de façon extensive en droit pénitentiaire. Il suffit que le risque soit en relation avec la sécurité des personnes.

La classification des infractions disciplinaires confère parfois des certitudes là où le droit pénal fait preuve de circonspection. L'article 434-35 C. pén. interdit de remettre, de faire parvenir à un détenu ou de recevoir de lui une correspondance en dehors des cas prévus par les règlements. Cet article cherche à endiguer l'échange irrégulier de correspondance à l'issue d'un parloir, mais il n'est pas toujours acquis que le détenu soit sanctionné sur ce fondement-là[60]. Il en-

---

60 Cass. crim. 7 mars 1957, *Bull. crim.* n° 238 ; T. Corr. Poitiers, 8 févr. 1951, *JCP.*, 1951, II, 6060, note P.-A. Pageaud.

court par contre avec plus d'assurance, au regard de l'article R. 232-6 8° du code pénitentiaire et pour les mêmes faits, une sanction disciplinaire.

Article général. La présence d'un article rédigé de façon à englober des situations qui auraient échappé à l'énumération du code pénitentiaire tempère au surplus la force de la reconnaissance d'une classification des infractions disciplinaires. Il suffit notamment de « ne pas respecter les dispositions du règlement intérieur de l'établissement ou les instructions particulières arrêtées par le chef d'établissement » (art. R. 232-6 1° C. pénit.). Or, le règlement intérieur comprend deux parties, l'une correspondant au contenu du décret du 30 avril 2013[61] qui constitue sa partie générale et l'autre, composée des dispositions particulières afférentes à chaque établissement pénitentiaire, arrêtées par le directeur. Ce décret promeut des obligations et des interdictions dont la violation constitue immanquablement une violation de l'article R. 232-6 1° du Code pénitentiaire.

La présence d'un tel article relatif aux violations du règlement intérieur rend compte de la typicité du monde carcéral et de la nécessité d'assortir la réglementation disciplinaire d'un minimum de flexibilité.

La complexité des relations en prison accroît la difficulté d'énumération limitative des manquements à la discipline, d'autant plus que le particularisme de chaque établissement est nécessairement à préserver. Celui-ci pourra se matérialiser au travers de règles spécifiques trouvant place dans le règlement intérieur. Ainsi, plusieurs agissements sont considérés comme fautifs par référence au contenu du règlement intérieur (art. R. 232-6 1° C. pénit.). L'effort de définition des infractions disciplinaires n'apparaît donc pas entaché par la présence d'une disposition à caractère général, *a fortiori*

---

61 M. Herzog-Evans, Le décret « règlement intérieur » des prisons : beaucoup de détails utiles, quelques régressions et progrès, *Gaz. Pal.* 5 juin 2013, p. 9.

lorsqu'elle se situe parmi les manquements considérés comme légers. Le particularisme de la prison commande l'existence de tels articles. C'est plutôt le flou dans l'actualisation et la communication des règlements intérieurs qui pourrait laisser subsister une part d'arbitraire. Mais ce constat est à tempérer avec la présence d'un règlement intérieur type qui constitue la partie générale des règlements intérieurs de chaque établissement (Art. L. 112-4 et R. 112-22 C. pénit.)[62].

Ce particularisme pénitentiaire pointe encore au travers des différences notables dans la définition de certaines infractions.

B. Les différences particulières avec le droit pénal

Mission de garde. La mission première de l'Administration pénitentiaire se résume à un devoir de garde du détenu de nature à éviter notamment qu'il ne s'évade. La discipline intègre cette préoccupation essentielle au travers des multiples règles ou obligations qui tentent de canaliser les risques d'évasion. Les fouilles individuelles, de cellule, ou les inspections approfondies de tout ou partie des bâtiments participent évidement de cette vocation. Les rondes de nuit effectuées assidûment (art. D. 223-10 C. pénit.) ou les appels prévus le matin et le soir au minimum (art. D. 223-9 C. pénit.) y contribuent avec une constance plus affirmée encore. Les portiques de sécurité, installés à l'entrée des établissements, servent à éviter que des objets dangereux, pouvant notamment servir pour une évasion, n'en franchissent le seuil. Tout individu entrant en détention, y compris le personnel pénitentiaire et les avocats, doit se soumettre au contrôle.

---

62 E. Péchillon, Règlement intérieur type des établissements pénitentiaires : une réforme décrétale anachronique ?, *AJ Pénal* 2013, p. 304 ; M. Herzog-Evans, Le décret règlement intérieur des prisons : beaucoup de détails utiles, quelques régressions et progrès, *Gaz. Pal.* 5-6 juin 2013.

Évasion. Parce qu'elle dénature au plus haut point la fonction primaire de la prison, qu'elle porte atteinte à l'autorité de la justice, l'évasion engendre, selon les cas, une scission ou une association de la répression entre le droit disciplinaire et le droit pénal. Appréhendée dans une optique large, l'évasion se définit comme le fait pour un individu de sortir ou de ne pas réintégrer l'établissement où il est détenu, en violation des prescriptions légales ou réglementaires.

Pour le Code pénal, avant la loi n° 2004-204 du 9 mars 2004, une évasion punissable revenait au fait, pour un détenu, de se « soustraire à la garde à laquelle il est soumis, par violence, effraction ou corruption, lors même que celle-ci aurait été commise, de concert avec lui, par un tiers » (art. 434-27 C. pén. ancien). Ce qui veut dire qu'en l'absence de tout acte de violence (détenu qui s'échappe d'un fourgon cellulaire en raison d'un moment d'inattention de ses gardiens), le détenu ne pouvait être poursuivi pour délit d'évasion[63]. Depuis cette loi, l'évasion est punissable indépendamment de tout acte de violence, d'effraction ou de corruption[64]. L'article 434-27 du Code pénal assimile le délit d'évasion au fait de se soustraire à la garde. Une évasion simple, par exemple, par ruse, devient donc répréhensible. L'évasion réalisée par violence, effraction ou corruption, lors même que celles-ci auraient été commises, de concert avec le détenu, par un tiers reste bien évidemment punissable. Dans ce cas, l'évasion est aggravée et les peines encourues plus lourdes (trois ans d'emprisonnement et 45 000 € d'amende pour l'évasion simple pour cinq ans d'emprisonnement et 75 000 € d'amende pour l'évasion aggravée). Lorsque l'évasion simple ou l'évasion réalisée par violence, effraction ou corruption est commise sous la menace d'une arme ou d'une substance explosive, incendiaire ou toxique ou lorsqu'elles ont été

---

63 Cass. crim. 5 mai 1998, *Gaz. Pal.*, 21, 22 oct. 1998, obs. J.-P. Doucet.

64 V. M. Herzog-Evans, *L'évasion,* L'Harmattan, 2009, 113 p.

commises dans le cadre d'une action concertée entre plusieurs détenus, les peines encourues sont portées à sept ans d'emprisonnement et 100 000 d'amende (art. 434-30).

Une simple évasion, même concrétisée sans violence, effraction ou corruption, a toujours été sanctionnée pénalement, dans certaines situations particulières. Ainsi en est-il, en vertu de l'article 434-29 C. pén., du détenu qui s'échappe d'un établissement sanitaire ou hospitalier ; du détenu qui se soustrait au contrôle de l'administration alors qu'il bénéficie d'un placement à l'extérieur, d'un placement sous surveillance électronique, d'une semi-liberté ou d'une permission de sortir ; du condamné qui ne réintègre pas l'établissement à l'issue d'une mesure de suspension ou de fractionnement de peine, d'un placement à l'extérieur[65], d'une semi-liberté ou d'une permission de sortir[66] ; du détenu placé sous surveillance électronique qui neutralise par quelque moyen que ce soit le procédé permettant de détecter à distance sa présence ou son absence dans le lieu désigné par le juge de l'application des peines.

Au sens pénal du terme, on entend par détenu : la personne gardée à vue ; celle en instance ou en cours de présentation à l'autorité judiciaire à l'issue d'une garde à vue ou en exécution d'un mandat d'amener ou d'arrêt ; celle qui s'est vue notifier un mandat de dépôt ou un mandat d'arrêt continuant de produire effet ; celle qui exécute une peine privative de liberté ou qui a été arrêtée pour exécuter cette peine ; la personne qui est placée sous écrou extraditionnel (art. D 434-28 C. pén.). Parce qu'ils ne sont pas au sens juridique du terme des condamnés, les détenus sous contrainte judiciaire ne peuvent faire l'objet de poursuites pénales pour évasion s'ils ne réintègrent pas l'établissement pénitentiaire à

65 Cass. crim. 26 mai 1992, *Bull. crim.*, n° 213.

66 Cass. crim. 18 févr. 1976, *Bull. crim.*, n° 64 ; Cass. crim. 22 juin 1994, *D.* 1994, IR, p. 209.

l'issue d'une permission[67] mais seulement des sanctions disciplinaires. Tel n'est pas le cas pour les autres détenus. En règle générale, celui qui regagne l'établissement pénitentiaire en retard peut être poursuivi pour évasion, en l'absence même de tout élément intentionnel. Un cas de force majeure (grève, accident de la route) est inopérant[68]. Tout retard est assimilable à une évasion[69]. La notion de détenu ne se confond pas exactement avec l'état d'une personne privée de liberté ou incarcérée dans un établissement pénitentiaire, dans le sens où le délit peut être constitué par le seul fait de prolonger un temps de liberté octroyé par le juge judiciaire. Ce constat qui joue dans le cadre pénal peut apparaître démesuré lorsque le détenu regagne avec retard l'établissement pénitentiaire pour des raisons indépendantes de sa volonté. D'ailleurs il ne semble pas opérer pleinement en droit disciplinaire. Il a été jugé, en effet, que le détenu qui arrive en retard de permission de sortir du fait d'un contrôle policier ne peut être poursuivi pour évasion, à défaut d'élément intentionnel[70].

Finalement, les différences sensibles qui apparaissaient entre le sens donné à l'évasion par le droit pénitentiaire et par le droit pénal tendent à s'estomper. La définition plutôt large de l'article R. 232-4 8° C. pénit., en matière disciplinaire, permettait de viser des comportements n'entrant pas dans le champ pénal, comme le fait de s'évader en trompant la vigilance de ses gardiens au cours d'une extraction[71]. Mais depuis

---

67 Cass. crim. 10 nov. 1976, *D.* 1977, p. 36, note D. Mayer ; *Gaz. Pal.*, 1977, 18/19 mars, p. 12. Depuis la loi du 9 mars 2004, la contrainte par corps a été remplacée par la contrainte judiciaire qui donne un rôle central au juge de l'application des peines.

68 Cass. crim., 22 juin 1994, Bull. crim. n° 251, *Rev. sc. crim.* 1995, p. 105, obs. J.P. Delmas Saint-Hilaire.

69 Cass. crim. 18 févr. 1976, Bull. crim. 64.

70 TA Caen 10 oct. 2000, *D.* 2002, chron. p. 115, obs. M. Herzog-Evans

71 TA Marseille 5 nov. 1996, req. n° 93-1766 ; TA Rouen 1er févr. 2000, req. n° 982269.

la loi du 9 mars 2004 le rapprochement entre l'évasion pénale et disciplinaire est évident. Il convient de souligner l'originalité de ce « plagiat » qui tient dans l'antériorité des dispositions du droit disciplinaire sur le droit pénal. Tout au plus subsiste-t-il maintenant comme différence le fait que l'article 434-28 C. pén. considère logiquement comme évadé des personnes que le droit disciplinaire n'appréhende pas (par ex. personne gardée à vue). Il n'en demeure pas moins que l'évasion est sévèrement redoutée des autorités pénitentiaires, au point d'influencer leur politique disciplinaire.

Chapitre 2. Les sanctions disciplinaires

Le Code pénitentiaire dresse une liste des sanctions disciplinaires qui peuvent être prononcées par le président de la commission de discipline. En dehors des hypothèses énumérées, toute autre mesure ne saurait s'assimiler à une sanction disciplinaire (section 1). La distribution des sanctions disciplinaires ne se limite pas à l'image exposée par le catalogue des peines prévues par la réglementation. Celui-ci est complété par des dispositions de nature à garantir l'individualisation et la proportionnalité des sanctions (section 2).

Section 1. Les différentes sanctions disciplinaires

Onze sanctions possibles sont envisagées par les articles R. 233-1 et R. 233-2 C. pénit. qui distinguent deux catégories de sanctions. Certaines s'appliquent quelle que soit l'infraction disciplinaire. Elles sont, en d'autres termes, des sanctions générales (§ 1). D'autres s'attachent à des comportements prédéterminés. Elles sont assimilables alors à des sanctions spécifiques (§ 2).

§ 1. Les sanctions disciplinaires générales

Hormis le découpage entre sanctions générales et sanctions spécifiques tracé par les articles du code pénitentiaire, la réglementation n'opère pas de classement entre elles selon un critère de gravité. Néanmoins, il va naturellement de soi que l'aspect neutralisant et coercitif ressort, selon les sanctions, avec une intensité plus ou moins forte.

A. Les diverses sanctions générales

- L'avertissement (article R. 233-1 1° C. pénit.)

L'avertissement sanctionne un désordre ou un incident mineur. Il peut être utilisé lorsque la culpabilité du détenu n'est pas clairement démontrée ou quand l'autorité disciplinaire cherche à préserver la susceptibilité du surveillant à l'origine du compte rendu d'incident. L'invitation du surveillant à poursuivre le détenu n'est pas rejetée par les autorités, puisque la dénonciation des faits débouche sur une sanction, fût-ce un avertissement. Il ne faut pas en effet se méprendre sur la signification d'un avertissement. Quand bien même la personne détenue aura éventuellement le sentiment d'avoir évité un châtiment, il demeure pourtant une sanction. L'avertissement figurera au dossier individuel du détenu. S'il vient à récidiver en matière disciplinaire, il encourra une peine plus lourde car il n'aura pas su tirer profit de son premier passage devant la commission de discipline. Mais, comme la sanction n'est pas immédiate, l'avertissement a pu être assimilé dans un premier temps par la jurisprudence à une mesure d'ordre intérieur et la requête du détenu, déclarée irrecevable[72]. Par la suite, le juge administratif a, au

[72] TA Paris 17 déc. 1998, req., n° 9617653/5.

contraire, apprécié la légalité d'un avertissement prononcé contre une personne détenue[73]. En conséquence, à l'instar du contrôle exercé par le juge administratif sur les autres sanctions, il peut être conduit à l'annuler au stade de la qualification juridique des faits[74].

- L'interdiction de recevoir des subsides de l'extérieur (art. R. 233-1 2°)

La sanction porte sur toutes les sommes d'argent que la personne détenue est autorisée à recevoir des titulaires d'un permis de visite ou autorisées par le chef d'établissement. Peu importe la provenance des subsides[75]. Cette sanction touche différemment le détenu, selon sa situation personnelle. Celui qui dispose d'un travail rémunéré en détention ne subira pas la mesure aussi fortement que celui qui effectue ses achats en cantine seulement grâce aux mandats en provenance de l'extérieur.

- La privation d'effectuer des achats en cantine (art. R. 233-1 3°)

Une interprétation littérale du texte indique que la sanction consiste en une interdiction de commander pour l'avenir des produits cantinables. L'article R. 233-1 3° prévoit « la privation [...] de la faculté d'effectuer en cantine » des achats. Logiquement, la sanction court à compter de son prononcé et concerne des achats non encore honorés. Dans ce dernier cas, cependant, deux situations doivent être distinguées[76]. Si la commande concerne des produits périssables, le détenu

---

[73] Cons. d'Et. 21 mai 2014, req. n° 359672, *Dalloz actualité*, 28 mai 2014, obs. D. Poupeau ; *AJDA* 2014, p. 1065 ; V. déjà, TA Marseille 21 sept. 2010, *Rev. pénit.* 2010, p. 929, obs. E. Péchillon ; TA Toulouse 8 mars 2005, *AJ Pénal*, 2005, p. 334, obs. J.P. Céré.

[74] CAA Nancy 16 déc. 2021, req. n° 19NC03284, *D.* 2022, p. 1065, obs. J.P. Céré.

[75] Circulaire NORJUSESK1140024C du 9 juin 2011, n° 3.2.2.

[76] Circ. 9 juin 2011, préc. n° 3.2.3.

pourra quand même les percevoir. A défaut, la commande est soit annulée (et le détenu remboursé) soit « différée jusqu'à l'issue de la période de sanction, les biens lui étant remis après l'exécution de celle-ci ».

L'interdiction de cantiner ne touche pas trois catégories de produits limitativement énumérés par l'article R. 233-1 3°, à savoir les produits d'hygiène, de correspondance et le tabac. Il faut entendre par produits d'hygiène uniquement les objets servant à la propreté corporelle (savon, dentifrice, shampooing, brosse à dents) et par « nécessaire de correspondance », les outils indispensables à l'écriture ou l'envoi du courrier (papier à lettres, stylo, timbres, enveloppes).

L'autorisation de se procurer du tabac est alignée sur le principe en vigueur pour la punition de cellule. Le placement au quartier disciplinaire ne débouche pas sur une interdiction de fumer.

- La privation de tout appareil acheté ou loué par l'intermédiaire de l'administration (art. R. 233-1 4°).

Elle est, devenue, depuis l'entrée en vigueur du décret n° 2010-1634 du 23 décembre 2010, une sanction générale. Elle était auparavant une sanction spécifique dans la mesure où son recours intervenait soit lorsque l'infraction disciplinaire était liée à l'emploi de ce matériel soit à titre complémentaire pour accompagner une mesure de confinement en cellule individuelle ordinaire (cette dernière possibilité demeure). L'inventaire des appareils couverts par cet article, toujours considérable, n'est évidemment pas affecté par le changement de nature de cette sanction. On pense bien sûr à la télévision, à la radio, aux thermoplongeurs, aux ordinateurs mais la liste n'est pas limitative. En tant que sanction générale, elle pourrait être utilisée opportunément pour mordre sur l'utilisation démesurée du placement en cellule disciplinaire. L'usage d'appareil tel que la télévision occupe souvent une place primordiale dans la vie quotidienne des personnes détenues. La détermination de l'auteur de l'infraction pourra toutefois se heurter à des problèmes de preuves quand plusieurs personnes cohabitent dans une même cellule. Il paraît donc difficile de priver d'appareil - à moins de montrer la participation individuelle de chacun dans la réalisation de l'incident - tous les occupants de la cellule, sous peine d'aboutir à une sanction collective, quand bien même des facultés sont offertes pour individualiser les sanctions.

- La privation d'activités culturelles, sportives et de loisirs (art. R. 233-1 5°).

Cette sanction est devenue, avec le décret du 23 décembre 2010, une sanction générale. Elle a été bien antérieurement considérée comme pouvant faire l'objet d'un recours pour excès de pouvoir devant le juge administratif[77].

- L'exécution d'un travail d'intérêt collectif de nettoyage, remise en état ou entretien des cellules ou des locaux communs (R. 233-1 6°).

Cette sanction qui revient à condamner le détenu à effectuer une tâche de nettoyage, de remise en état ou d'entretien des cellules ou des locaux communs est devenue générale avec le décret n° 2019-98 du 13 février 2019. Sa connotation pénale, par son assimilation au travail d'intérêt général, est flagrante puisqu'il est désormais possible d'y recourir, comme pour ce dernier, indépendamment de l'infraction commise et le socle s'est élargi à des travaux de réparations. La volonté est manifestement d'accroitre le recours à l'exécution d'un travail d'intérêt collectif dans l'espoir d'ébrécher l'utilisation de la cellule disciplinaire. Ce type de punition requiert toutefois l'accord préalable du détenu, conformément à l'article 4-2 de

---

77 V. pour une annulation d'une privation d'activité informatique, TA Dijon 28 déc. 2004, *AJ Pénal*, 2005, p. 205, obs. J.P. Céré.

la Convention européenne des droits de l'homme et à la convention 29 de l'organisation internationale du travail qui prohibent tout travail forcé ou obligatoire. L'exécution d'un travail de nettoyage des locaux pourra notamment répondre - mais pas exclusivement comme dans le droit positif antérieur à 2019 - à une infraction touchant un manquement aux règles de l'hygiène. Il est possible de songer, à titre d'exemple, aux négligences quant à la préservation de la propreté de sa cellule ou des locaux communs prévue par l'article R. 232-6 4° C. pénit. ; ou au fait de jeter tout objet ou substance par les fenêtres de l'établissement (art. R. 232-6 5°).

- Le confinement en cellule ordinaire (art. R. 233-1 7°)

Cette sanction s'immisce entre l'ensemble des sanctions et la mise en cellule disciplinaire. Elle est considérée comme une sanction de même nature que cette dernière. Sans réelle surprise, dès lors, il a été jugé qu'il s'agissait d'une sanction faisant grief au détenu. Les recours juridictionnels contre la sanction de confinement en cellule ordinaire sont donc ouverts et à cette occasion, le juge administratif peut apprécier sa légalité[78].

À l'inverse de la mise en cellule disciplinaire, l'isolement s'effectue dans une cellule ordinaire (cellule du détenu, une cellule normale s'il occupait une cellule avec d'autres détenus ou une cellule du quartier d'isolement si le détenu y est déjà affecté. « Cette sanction peut se dérouler dans la cellule que le détenu occupait avant le prononcé de la sanction de confinement, sous réserve de lui ôter, si la commission en a décidé ainsi, le ou les appareils dont la jouissance est suspendue pendant le délai fixé, lors du prononcé de la sanction. Si le détenu sanctionné était affecté dans une cellule occupée par plusieurs détenus, le chef d'établissement doit décider de

---

78 TA Lille 26 févr. 2004, *AJ Pénal*, 2004, p. 209, obs. J.P. Céré.

la faire exécuter dans une cellule individuelle ordinaire »[79]. Le confinement est donc moins éprouvant que la mise en cellule disciplinaire. Les conséquences de la sanction diffèrent quelque peu. Le confinement en cellule ordinaire se cantonne à la privation des activités collectives (socio-éducatives, culturelles, sportives), du travail et de la formation professionnelle, de l'enseignement et des achats en cantine (autres que les produits d'hygiène, du nécessaire de correspondance et pour, les majeurs, du tabac). Mais la promenade quotidienne se déroule dans des conditions normales, le détenu peut assister aux offices religieux et conserve ses prérogatives en matière de visites et de communication téléphoniques. Enfin précision ultime : le confinement ne s'applique pas aux mineurs de moins de seize ans, à l'exception des infractions prévues aux 1° à 10° de l'article R. 232-4 du Code pénitentiaire.

Cette sanction devrait jouer dans le sens d'une meilleure individualisation des peines disciplinaires. Néanmoins, elle n'est pas la panacée dans le contexte actuel. Son introduction ne paraît pas de nature à influer de manière sensible sur le taux trop imposant de punition de cellule, au moins en ce qui concerne de nombreuses maisons d'arrêt ; trop largement surpeuplées pour que l'on puisse réserver des cellules individuelles aux détenus punis. L'effet opposé à celui recherché pourrait même être atteint si, dans ces établissements, le recours au confinement émergeait. Le risque serait d'aboutir à un accroissement des infractions disciplinaires : des détenus, mus par l'espérance de jouir de quelques jours de solitude, n'hésiteront pas en ce sens à commettre des entorses à la discipline.

- La suspension de la décision de classement dans un emploi ou une formation (art. R. 233-2 1° C. pénit.).

---

79 Circ. du 9 juin 2011 préc, n° 3.2.6.1.

Cette sanction est devenue une sanction générale avec le décret du 19 février 2019. Elle consiste à priver temporairement le détenu de son emploi ou de sa formation et des émoluments qui lui sont attachés. À l'issue de la suspension, la personne détenue peut reprendre son travail ou sa formation.

- Le déclassement d'un emploi ou d'une formation (art. R. 233-2 2°).

Cette sanction, initialement réservée aux infractions disciplinaires commises au cours ou à l'occasion de l'activité considérée, est devenue elle aussi générale avec le décret du 19 février 2019. Elle met fin à l'activité ou au travail exercé par le détenu. Cette sanction amène donc des conséquences certaines sur la situation du détenu en le privant de moyens de subsistance. Un temps, la jurisprudence a pu considérer que ces effets, parce qu'ils semblent « limités sur les conditions et la durée de détention », rendaient la requête du détenu irrecevable[80]. Par la suite, le déclassement d'emploi a été analysé comme faisant grief au détenu. À ce titre, il ne saurait être regardé comme une simple mesure d'ordre intérieur[81]. Un recours est donc envisageable, y compris lorsque le déclassement est prononcé avec sursis[82]. Cette jurisprudence ne s'applique cependant pas dans le cas où celui-ci est prononcé à titre conservatoire, dans l'attente du passage de l'intéressé devant la commission de discipline. Une telle mesure n'affecte pas de façon substantielle la situation du requérant[83].

---

80 TA Paris 28 avril 2000, req. n° 9142485/7.

81 Cons. d'Et. 21 mai 2014, req. n° 359672, *Dalloz actualité*, 28 mai 2014, obs. Poupeau ; AJDA 2014. 1065 ; Les juridictions abondaient déjà dans ce sens, TA Versailles 10 mars 2005, *AJ Pénal*, 2005, p. 334, obs. J.P. Céré ; *Rev. pénit.* 2005, p. 1002, obs. B. Bouloc ; CAA Nancy 18 févr. 2010, req. n° 09NC0126 ; CAA Lyon 12 juin 2008, req. n° 07LY02562.

82 CAA Nantes 24 avr. 2008, req. n° 07NT00137.

83 CAA Marseille 3 févr. 2011, req. n° 09MA01135.

Il convient de préciser que le déclassement d'emploi peut intervenir pour des raisons autres que disciplinaires. L'article D. 434-4 du Code pénitentiaire dispose en effet que lorsqu'une personne est incompétente pour l'exécution d'une tâche, une décision de déclassement peut être prise ou, si elle ne s'adapte pas, une mesure de suspension temporaire de cinq jours maximum peut être décidée, le temps de procéder à une évaluation. Dans cette hypothèse non disciplinaire, il a été jugé que la décision de déclassement d'emploi, fondé sur des motifs non disciplinaires, était une mesure d'ordre intérieur insusceptible de recours pour excès de pouvoir (par ex. détenu qui mettait de la mauvaise volonté à effectuer son travail, refusait de travailler en équipe et faisait régner une mauvaise ambiance, alors qu'un reclassement sur un autre emploi correspondant mieux à sa personnalité avait été effectué au bout de quatre mois)[84].

En dehors de ces hypothèses, le chef d'établissement peut encore suspendre une décision de classement dans un emploi, afin d'assurer le maintien de l'ordre public et de la sécurité de l'établissement ou encore la protection de la sécurité des personnes, y compris de celle du détenu classé. La durée de la mesure doit alors être strictement proportionnée à ce qu'exige le but qui justifie cette mesure provisoire[85]. Ces décisions de suspension interviennent au titre des pouvoirs de police relevant du directeur de l'établissement pénitentiaire[86], sous réserve de ne pas révéler une intention de punir le détenu. En effet, une décision qui a le caractère d'une sanction et qui n'est pas adoptée par la commission de disci-

---

84 CAA Nantes 29 juin 2005, *AJDA* 2005, p. 1950, note J.F. Millet. *Adde*, TA Melun 21 juin 2001, req. n° 00.120.

85 Cons. d'Et. 15 déc. 2017, *AJDA* 2017. 2499 ; *AJ Pénal* 2018, p. 162, obs. J.P. Céré.

86 V. plus généralement, S. Niquège, Le pouvoir de police du directeur d'établissement pénitentiaire, *RFD adm.* 2019, p. 749.

pline doit être considérée comme entachée d'un vice d'incompétence[87].

B. Le cas particulier de la mise en cellule disciplinaire

La mise en cellule de discipline (art. R. 233-1 8°) implique de conduire le détenu au quartier disciplinaire dont est pourvu chaque établissement pénitentiaire. La cellule se caractérise par un aménagement mobilier très rudimentaire. Il se résume généralement à une tablette fixée au mur et/ou au sol, à un tabouret (ou une chaise) et un lit métallique également scellés au sol, quand il ne s'agit pas d'un socle en ciment. Elle est équipée d'un lavabo et d'un W-C (souvent à la turque), d'une petite fenêtre équipée de vitrage anti-effraction, de barreaudage haute résistance et d'un système anti-yoyo (le yoyo correspond à la pratique fort courante qui consiste à transmettre un objet d'une cellule à l'autre, en s'aidant d'une ficelle). La cellule comprend, enfin, un sas d'entrée, avec une grille de protection qui permet de pénétrer dans la cellule sans être directement au contact du puni. L'éclairage de la cellule est commandé de l'extérieur. Assorties de privations accessoires, ces conditions de détention extrêmement pénibles réservent peu d'autonomie au détenu (1). L'examen de ses droits doit faire, dès lors, l'objet d'une étude minutieuse (2).

1. Les privations accessoires à la mise en cellule disciplinaire

Le régime de la mise en cellule disciplinaire apparaît aujourd'hui moins rigoureux que par le passé, à la mesure de l'adoucissement du régime général de détention. Néanmoins, le particularisme des conditions de vie au quartier discipli-

---

[87] TA Dijon 19 déc. 2022, req. n° 2103246, *D.* 2023, p. 1093, obs. E. Péchillon et S. Renard.

naire subsiste par rapport au régime normal de détention sur quelques points non négligeables.

Contacts extérieurs. La restriction des visites reste sans nul doute la plus sensible des mesures accessoires. Interdites avant 2008, elles sont aujourd'hui limitées à une fois par semaine (art. R. 235-10 et 11 C. pénit.). Auparavant et à titre exceptionnel, quand le détenu n'avait pu avertir à temps ses visiteurs de son placement en cellule de discipline, le chef d'établissement pouvait accorder un parloir, généralement avec dispositif de séparation. En cas d'événement familial grave, une mesure de faveur identique restait possible. Désormais, sans différenciation, le détenu peut bénéficier d'une visite par semaine dans les conditions du droit commun, sous réserve que le visiteur soit titulaire d'un permis de visite ou qu'il s'agisse d'un visiteur de prison en charge du suivi de la personne sanctionnée. Par exception, le chef d'établissement peut décider sous certains motifs que la visite s'effectuera dans un parloir avec dispositif de séparation[88]. La limitation des contacts avec l'extérieur est également perceptible au travers d'une disposition similaire en matière de téléphonie. La personne séjournant au quartier disciplinaire voit la faculté de passer des appels téléphoniques restreinte à un appel par période de sept jours ou à un appel si la sanction prononcée est inférieure à sept jours.

Le personnel pénitentiaire n'est pas affecté par l'interdiction, tout comme l'aumônier du culte du choix de la personne détenue, le représentant consulaire, le médiateur de la République et ses délégués, le Contrôleur général des lieux de privation de liberté et ses contrôleurs et les membres de l'équipe médicale. Une sanction disciplinaire ne peut pas davantage porter atteinte aux relations du détenu avec les

---

88 Sur le fondement de l'article R. 341-13 C. pénit., à savoir « s'il existe des raisons sérieuses de redouter un incident ; en cas d'incident survenu au cours d'une visite antérieure ; à la demande du visiteur ou de la personne visitée ».

autorités judiciaires, militaires ou consulaires. Dans le même esprit et à l'évidence, aucune sanction ne peut supprimer ou restreindre la libre communication du détenu avec son avocat (art. R. 235-10 C. pénit.). En sens contraire, la mise en cellule de discipline rompt les contacts de la personne sanctionnée avec le reste de la détention. Elle ne peut donc entrer en communication avec ses codétenus, y compris avec ceux placés au quartier disciplinaire.

Activités. La mise en cellule de discipline conduit encore à priver la personne détenue de toute activité (culturelle, de loisirs, cultuelle, sportive, de formation, de travail) individuelle ou en commun (art. R. 235-8 C. pénit.). La privation de l'accès aux activités de travail et de formation ne porte pas atteinte aux objectifs d'amendement et de reclassement social des détenus[89] et la suspension des activités cultuelles des détenus placés en cellule disciplinaire n'est pas contraire à la liberté de pensée, de conscience et de religion[90]. Elle perd aussi le bénéfice des appareils dont elle pouvait disposer dans sa propre cellule de détention (matériel informatique, jeux).

Cantine. La perte du droit de cantiner, à l'exception du nécessaire de toilette, de correspondance et du tabac, constitue l'ultime restriction accessoire à la mise en cellule disciplinaire . Cette interdiction est loin d'être insignifiante, quand on sait combien l'acquisition de biens de consommation est susceptible d'atténuer la rigueur de l'emprisonnement. Elle suppose aussi que le puni ne peut pas recevoir de colis gracieux (colis de Noël). En dépit des quelques assouplissements introduits par la réforme récente du régime disciplinaire, le puni est en effet soumis à des droits et des devoirs particuliers.

---

89 Cons. d'Et. 26 juin 2015, req. n° 375133, *AJDA* 2015, p. 2419.

90 Cons. d'Et. 11 juin 2014, req. n° 365237.

2. Les droits et les devoirs de la personne détenue placée en cellule disciplinaire

Le placement d'un détenu au quartier disciplinaire de la prison provoque des aménagements manifestes dans l'exercice de ses droits et de ses devoirs envers les autres. Quelques-uns résultent du régime spécifique de détention inhérent à la punition de cellule disciplinaire, alors que d'autres survivent au prononcé de cette sanction.

Isolement. Tout d'abord, l'individu doit rester isolé dans sa cellule pendant la durée de la punition. Il effectue néanmoins une promenade quotidienne individuelle d'au moins une heure dans une cour dédiée à cet usage (art. R. 235-10 C. pénit.).

Équipement. Le couchage disponible comporte un matelas de haute sécurité, un traversin, des couvertures et des draps. La personne détenue conserve les éléments de couchage dans la journée, sous réserve de prescriptions particulières du chef d'établissement. Il va de soi, par exemple, que des raisons d'ordre et de sécurité justifient que la literie puisse être retirée dans la journée quand l'intéressé présente des tendances incendiaires ou suicidaires[91].

Santé. La rigueur de la punition imposée au détenu suppose qu'elle ne se poursuive que si l'état de santé physique et morale du détenu le permet. L'article R. 234-31 C. pénit. dispose à cet effet que les personnes détenues placées en cellule de discipline - de même que celles placées en confinement en cellule individuelle ordinaire - sont examinées sur place par un médecin, « au moins deux fois par semaine et aussi souvent qu'il l'estime nécessaire ». Le médecin vise le registre du quartier disciplinaire à chacune de ses visites. Dans l'hypothèse où il jugerait l'état de santé du détenu préoccu-

---

91 Sur le détail de l'équipement de la cellule disciplinaire, v. circ. 9 juin 2011, préc. annexes.

pant, au point de ne plus pouvoir supporter la punition, il en fait mention sur le registre et avise immédiatement le chef d'établissement. La sanction est alors suspendue. Le constat du médecin lie le chef d'établissement. Logiquement, la reprise éventuelle de la sanction reste subordonnée à un avis médical conforme. Le pouvoir du médecin s'entend comme une simple faculté de suspension de la punition, le temps que le détenu recouvre une meilleure santé. En pratique cependant, une suspension qui se prolonge quelque peu débouche parfois sur une levée définitive de la mesure punitive. Ce que sous-entend l'expression « reprise éventuelle de la sanction » précisée par la circulaire. Lors que le détenu est placé dans un service médico-psychologique régional (SMPR) ou présente des troubles du comportement, il convient de prévenir immédiat un psychiatre[92].

Aménagement du droit commun. Ensuite, malgré la mise en cellule de discipline, le puni conserve le bénéfice de certains droits propres à tous les détenus. Seules leurs modalités d'exercice sont aménagées pour intégrer les impératifs dus au régime spécifique de détention au sein du quartier disciplinaire.

Le droit à la lecture est déjà ancien, il apparaissait dans plusieurs notes de service ou circulaires avant que le décret du 12 septembre 1972 ne le consacre. Il inclut les livres ou les journaux, les articles d'enseignement que le détenu peut recevoir ou acheter, en dépit de l'interdiction de cantiner. Toutefois, en raison de l'interdiction de se déplacer au sein du quartier disciplinaire, le détenu choisit sur place les livres susceptibles de l'intéresser.

Quant à l'habillement du détenu, ses vêtements personnels demeurent autorisés, après une fouille approfondie de ceux-

---

92 Circ. 9 juin 2011, préc. n° 3.2.7.4.10.

ci. Ils lui sont retirés tous les soirs, à l'exception de ses sous-vêtements et remplacés par ses vêtements de nuit.

Plus aucune restriction à la correspondance écrite ne s'applique au détenu sanctionné. Il peut ainsi conserver le nécessaire indispensable à la correspondance (papier à lettres, stylo, timbres) mais non le superflu (ordinateur par exemple).

Hygiène. Enfin, il est évident que le détenu puni est tenu d'observer les règles générales d'hygiène. Il doit maintenir propre la cellule de discipline et assurer sa propreté personnelle. Des produits d'hygiène lui sont remis afin d'entretenir la cellule et le nécessaire de toilette (savon, brosse à dents, dentifrice), à l'exclusion des produits de confort (parfum, nécessaire à maquillage). À l'évidence, le détenu doit recevoir de l'information relative au régime du quartier disciplinaire (affichage du règlement et copie individuelle). Cependant le détenu doit vivre une période d'isolement de 24 heures sur 24, sans compter les conséquences du prononcé d'une mise en cellule de discipline sur les mesures d'individualisation de la peine. Sa nature et son régime la situent toujours, en effet, comme la sanction la plus grave, y compris par comparaison avec les sanctions dites spécifiques.

§ 2. Les sanctions disciplinaires spécifiques

À la différence des sanctions générales, les sanctions spécifiques trouvent à s'appliquer en fonction des circonstances de la faute disciplinaire. Leur nombre s'est réduit comme peau de chagrin depuis le décret du 19 février 2019, au point de ne plus comporter qu'une sanction, à savoir la suppression de l'accès au parloir sans dispositif de séparation (art. R. 233-2 3°).

Parloir. La suppression de parloir sans dispositif de séparation peut découler de raisons indépendantes de la seule commission d'une infraction par le détenu. Elle peut intervenir à sa demande, en cas d'incident au cours de la visite (indépendant de la personne du détenu et qui exclut donc toute sanction disciplinaire) ou, pour des raisons évidentes de sécurité, si des doutes laissent craindre un incident, ou encore si un incident est survenu au cours d'une visite antérieur (art. R. 341-13 C. pénit.). Dans ces hypothèses, un recours pour excès de pouvoir est accessible et il appartient au chef d'établissement de motiver une décision de suppression de parloir fondée pour un motif non disciplinaire[93].

La transmutation de sanctions spécifiques en sanctions générales poursuit un objectif évident et résonne comme une invitation pour les présidents de commission de discipline à user plus fréquemment de sanctions alternatives au placement en quartier disciplinaire.

Section 2. L'application des sanctions disciplinaires

Pour parfaire les critères d'individualisation des sanctions disciplinaires, le code pénitentiaire précise les conditions de leur application. Les modalités du recours à une sanction disciplinaire sont précisées (§ 1), de même que la durée des sanctions (§ 2). Des règles relatives au cumul des sanctions doivent également être respectées (§ 3).

§ 1. Les différentes modalités d'application des sanctions disciplinaires

La réglementation abandonne à la discrétion du président de la commission de discipline l'appréciation et l'ajustement de la sanction, en fonction du particularisme de la situation et de la personnalité de l'individu. Évidemment, les peines

---

93 La motivation est insuffisante s'il est juste indiqué que la décision est prise en raison « de la situation pénale » et de la « personnalité » de l'intéressé, CAA Bordeaux 6 sept. 2007, req. n° 05BX00672.

fermes occupent une fonction prépondérante comme argument de prévention des incidents sans pour autant méconnaître l'intérêt des sursis (A), de la suspension ou du fractionnement de la sanction (B).

A. Le sursis disciplinaire

La place réservée au sursis par la réglementation s'avère singulièrement importante. D'après les textes, le président de la commission de discipline peut, quelle que soit la sanction disciplinaire, « accorder le bénéfice du sursis pour tout ou partie de l'exécution ». Ce sursis prend la forme d'un sursis simple (a) ou se combine avec une obligation d'effectuer un travail (b).

1. Le sursis simple

Similitude avec le droit pénal. Par analogie avec le droit pénal, le sursis disciplinaire est octroyé lors du prononcé de la sanction. Le sursis peut s'appliquer à un détenu qui se manifeste par une tenue exemplaire en détention et qui, pour la première fois, commet une entorse à la discipline. Il présente, en outre, l'avantage de maintenir le bénéfice des activités proposées aux détenus.

Différence avec le droit pénal. Sur d'autres aspects, le sursis se distingue de celui prévu en droit pénal. Aucune stipulation concernant les antécédents disciplinaires du détenu n'est prescrite pour allouer la mesure. Dès lors, le président de la commission de discipline dispose d'une totale marge de manœuvre pour choisir les individus susceptibles d'en bénéficier. L'article R. 234-35 C. pénit. autorise également l'autorité compétente à accorder le sursis disciplinaire au moment du prononcé de la sanction mais encore « au cours de son exécution ».

Régime. Le régime du sursis octroyé au moment du prononcé de la sanction disciplinaire répond, en premier lieu, à plusieurs conditions. Le délai de révocation du sursis est fixé par le président de la commission de discipline. Celui-ci doit être fixé lors de l'octroi du sursis. À défaut la décision de révocation dudit sursis est entachée d'illégalité[94], étant entendu qu'il court pour un temps maximum de six mois (art. R. 234-36 C. pénit.). Si la période de suspension excède six mois, la sanction ne peut plus être ramenée à exécution (art. R. 234-42 C. pénit.)[95].

Le Code pénitentiaire prévoit que le détenu est informé des implications du sursis et précise les attributions de l'autorité disciplinaire. Lorsque le détenu commet une nouvelle infraction, quelle qu'elle soit, pendant le délai fixé, la révocation du sursis est de plein droit, « sauf décision contraire du président de la commission de discipline » (art. R. 234-37 C. pénit.). De fait, ce texte lui concède l'opportunité de procéder à une révocation partielle. La révocation du sursis entraîne l'exécution de la sanction initialement prononcée. Elle vient se cumuler avec la sanction afférente à la seconde infraction disciplinaire. Dans l'hypothèse d'une révocation partielle, la sanction est logiquement subie à hauteur de cette révocation, le solde restant frappé du sursis jusqu'à l'expiration du délai originel[96]. Cependant, pour des sanctions de nature identique, la durée cumulée ne doit pas excéder le *quantum* prévu pour l'infraction la plus sévèrement sanctionnée. Le confinement en cellule individuelle ordinaire, la mise en cellule disciplinaire, la privation de la faculté d'effectuer des achats en cantine et l'interdiction de recevoir des subsides ; la privation de tout appareil acheté ou loué par l'intermédiaire de l'administration et la privation ou la res-

---

94 TA Versailles 4 févr. 1997, req. n° 942150.

95 Un détenu peut toujours demander l'annulation de la sanction même après l'expiration du sursis, eu égard aux effets que la sanction est susceptible d'emporter, car même non avenue, elle continue de figurer au registre des sanctions disciplinaires, Cons. d'Et. 22 janv. 2013, *AJ Pénal* 2013, p. 173, obs. M. H. Evans.

96 Circ. 9 juin 2011, préc. n° 3.6.1.3.4.

triction d'une activité culturelle, sportive ou de loisirs ; la privation de tout appareil audiovisuel dont le mineur à l'usage personnel et la privation d'activités culturelles, sportives et de loisirs sont réputés de même nature. Dans ces hypothèses de cumul, la sanction de mise en cellule disciplinaire est mise à exécution préalablement à toute autre sanction (art. R. 234-37 C. pénit.).

Exécution. Le sursis en matière disciplinaire présente, en second lieu, l'originalité de pouvoir être accordé, à l'initiative du président de la commission de discipline, alors même que la sanction ferme reçoit exécution (bonne conduite de la personne détenue, fête légale ou évènement national, pour suivre une formation ou pour passer un examen ou encore pour passer un examen médical). Cette mesure de bienveillance réclame, on s'en doute, une attitude méritoire du détenu. Elle souligne, une fois encore, la situation spécifique du droit disciplinaire pénitentiaire, centré sur la recherche de l'adhésion des prisonniers qui dépend toujours d'un système de sanctions et de récompenses. C'est pourquoi il est même crédible de penser qu'un chef d'établissement puisse octroyer un nouveau sursis, au cours de l'exécution d'une sanction dont le sursis a été révoqué. Il n'en demeure pas moins, au cas de sursis prononcé en cours d'exécution de la sanction, que la décision appartient à la commission de discipline après audition du détenu, sans qu'il y ait lieu de se soumettre aux règles de convocation préalable. Dans l'hypothèse d'une décision positive, plusieurs formalités administratives doivent toutefois être respectées (mention du sursis sur les imprimés disciplinaires, notification au moyen d'un imprimé spécifique[97].

---

97 Circ. 9 juin 2011, préc. n° 3.6.1.3.2.

2. Le sursis assorti d'une obligation d'effectuer un travail d'intérêt collectif

Conditions. La forme de sursis prévu par l'article R. 234-39 C. pénit., proche du sursis avec obligation d'exécuter un travail d'intérêt général en droit pénal, emprunte les conditions générales d'exercice du sursis simple, telles qu'elles ont été examinées précédemment (octroi du sursis au moment du prononcé ou en cours d'exécution de la sanction, application du sursis indépendamment de l'infraction commise, nécessité de préciser un délai d'épreuve atteignant au maximum six mois, règles de cumul et d'ordre d'exécution des sanctions). Quelques remarques tenant à la nature du sursis s'imposent toutefois. L'autorité disciplinaire dispose d'un tel choix de sursis quand la sanction consiste en un confinement en cellule individuelle ordinaire ou en une mise en cellule disciplinaire. Tout comme l'exécution d'un travail collectif subi à titre principal, le consentement du détenu est obligatoirement requis. Le président indique le nombre d'heures de travaux collectifs imposé, sans dépasser quarante heures (travail de nettoyage de vingt heures maximum pour les mineurs de plus de seize ans).

Révocation. La révocation du sursis aura évidemment lieu en cas de commission d'une nouvelle infraction, mais aussi, à la différence du sursis simple, du fait de l'inexécution totale ou partielle du travail ordonné. Dans cette dernière hypothèse, un rapport d'incident doit constater le refus du détenu de se soumettre aux modalités de travail. Le déclenchement des poursuites et le jugement disciplinaire s'accomplissent selon les règles de droit commun (art. R. 234-40 C. pénit.). Les règles relatives au sursis apparaissent très clairement favorables à la recherche d'une individualisation optimale de la peine. Ce but est conforté par la présence complémentaire d'autres modalités d'exécution des sanctions disciplinaires.

B. La suspension ou le fractionnement de la sanction

Temporalité. Le recours à la suspension ou au fractionnement de la sanction disciplinaire nécessite un préalable. Ces mesures interviennent uniquement après le prononcé de la peine. Le fractionnement permet d'exécuter la sanction par périodes échelonnées dans le temps, notamment en fin de semaine. Ce mode d'exécution correspond à une mesure de faveur adaptée aux courtes peines disciplinaires, limitée principalement aux sanctions inférieures à huit jours. Elles sont accordées au cours de la phase d'exécution de la sanction et peuvent être prononcées *ab initio* par la commission de discipline (art. R. 234-41 C. pénit.). Il est d'ailleurs recommandé de l'étendre par fractions d'une durée d'au moins deux jours sur une période maximale d'un mois. La suspension consiste également en une interruption de la sanction qui doit intervenir dans les mêmes conditions tout en se distingue du fractionnement car elle ne joue qu'une seule fois[98].

Compétence. La décision d'octroi de ces mesures d'individualisation de la sanction disciplinaire appartient, d'après l'article R. 234-41, au chef d'établissement ou à son délégataire. Il faut remarquer, d'emblée, que ce pouvoir ne lui est pas dévolu en tant que président de la commission de discipline. Sans doute parce que sa décision neutralise en partie le jugement de l'organe disciplinaire, la réglementation soumet le bénéfice de la suspension ou du fractionnement de la sanction à la présence de l'une des situations également prévue pour motiver le sursis en cours d'exécution de la sanction (occasion d'une fête légale, en raison de la bonne conduite de l'intéressé, pour lui permettre de suivre un traitement médical, pour lui assurer de suivre une formation ou passer un examen). Ces conditions strictes obligent le chef d'établissement à motiver sa décision.

---

98 Circ. 9 juin 2011, préc. n° 3.6.2.3 et s.

Information. Il paraît tout aussi clair, enfin, que le détenu bénéficiaire est informé des modalités ou des conditions d'octroi de ces mesures de clémence. Seule la décision de fractionnement, à cause de la continuité de ses effets sur plusieurs semaines, figurera au dos des imprimés classés au dossier du détenu, sur les registres des sanctions et sur celui du quartier disciplinaire. Les feuillets comportent, en outre, les mentions relatives à la durée de la punition.

§ 2. La durée des sanctions disciplinaires

À chacune des sanctions disciplinaires prévues par la réglementation, qu'elles soient générales ou spécifiques, un maxima temporel est associé. Seuls, en raison de leur nature, l'avertissement et le déclassement d'un emploi ou d'une formation, font exceptions.

Sanctions diverses. L'interdiction de recevoir des subsides de l'extérieur et la privation de cantine ne peuvent être prononcées que pour une durée maximale de deux mois, la suspension de la décision de classement dans un emploi ou une formation est limitée à huit jours, la privation de tout appareil acheté ou loué par l'intermédiaire de l'administration à un mois maximum, la suppression de l'accès au parloir sans dispositif de séparation pendant quatre mois, la privation d'activités de formation, culturelles, sportives et de loisirs pendant un mois, l'exécution d'un travail de nettoyage des locaux pendant quarante heures.

Confinement individuel et cellule disciplinaire. Les sanctions de confinement en cellule ordinaire et la mise en cellule disciplinaire relèvent quant à eux d'un régime plus contraignant (art. R. 235-2 et s. et R. 235-6 et s. C. pénit.). Leur durée est au maximum de vingt jours, celle-ci pouvant être portée à trente jours pour tout acte de violence physique contre les personnes (art. L. 231-1 C. pénit.). Ce *maxima* n'était initialement applicable que pour deux infractions du premier degré de gravité, à savoir « exercer ou tenter d'exercer des violences physiques à l'encontre d'un membre du personnel ou d'une personne en mission ou en visite dans l'établissement ou encore, à l'encontre d'une personne détenue (art. R. 232-4 1° et R. 232-4 2° C. pénit.). Le décret du 13 février 2019 a étendu ce maxima de trente jours aux infractions supplémentaires suivantes : « opposer une résistance violente aux injonctions des personnels », « obtenir ou tenter d'obtenir par violence, intimidation ou contrainte la remise d'un bien, la réalisation d'un acte, un engagement, une renonciation ou un avantage quelconque » et le fait de participer ou de tenter de participer à toute action collective de nature à compromettre la sécurité des établissements ou à en perturber l'ordre » (art. R. 232-4 3°, art. R. 232-4 4°, art. R. 232-4 7°)[99]. Pour les infractions du deuxième degré, la durée maximale est de quatorze jours et, pour les infractions du troisième degré, de sept jours (art. R. 235-12 C. pénit.).

Mineurs de plus de 16 ans. Pour les mineurs de plus de seize ans, la sanction de cellule disciplinaire voit sa durée maximale ramenée à sept jours pour une infraction du premier degré et à cinq jours pour une infraction du second degré (V. *infra*). Le recours à la punition de cellule n'est pas possible pour une faute du troisième degré. Le confinement en cellule ordinaire peut être également prononcé dans les mêmes conditions mais également pour une infraction du troisième degré, pour une durée alors qui ne peut excéder trois jours. Cette sanction est également utilisable à l'égard du mineur de seize ans, pour trois jours maximum (art. R. 124-23, R. 124-24 et R. 124-27 CJPM).

---

99 Une telle durée peut apparaître en contradiction avec les règles Mandela des Nations Unies, V. M. Herzog-Evans, *Droit pénitentiaire*, 3e éd. Dalloz, 2020, p. 932.

Dispense d'exécution. La durée de ces deux sanctions peut subir *a posteriori* une modification. L'article R. 234-41 du Code pénitentiaire le gratifie le chef d'établissement du pouvoir de dispenser le détenu d'exécuter ou de terminer l'exécution de sa sanction. L'article R. 234-31 permet au médecin de suspendre l'exécution de la punition si son exécution est de nature à compromettre sa santé. La sévérité de certaines sanctions est toutefois quelque peu tempérée par les limites tenant au cumul des sanctions.

§ 3. Le cumul des sanctions

Le sentiment de sécurité juridique tiré de l'adoption du principe de légalité des sanctions disciplinaires n'enlève rien à la liberté d'action du président de la commission de discipline. À la manière du droit pénal, la réglementation lui offre la possibilité, sous certaines conditions, de cumuler plusieurs sanctions disciplinaires (A) sans préjudice toutefois de poursuites pénales (B).

A. Le cumul des sanctions disciplinaires

Cumul de sanction possible. Les articles R. 234-33 et suivants du code pénitentiaire apportent des précisions significatives quant aux prérogatives du président de la commission de discipline. Dans les limites tracées par les textes, certaines sanctions peuvent se cumuler.

Faute disciplinaire unique. En présence d'une seule faute disciplinaire, le président de la commission de discipline ne peut cumuler deux sanctions générales, mais simplement associer, au prononcé d'une sanction générale de l'article R. 233-1 du code pénitentiaire, une sanction spécifique prévue par l'article R. 233-2. Le choix du président de la commission de discipline est restreint au prononcé d'une seule sanction spécifique, à titre complémentaire d'une sanction générale.

Dans ce cas de figure, si la sanction principale et la sanction spécifique complémentaire sont toutes deux limitées dans le temps, elles s'exécutent simultanément à compter de la même date de début d'exécution[100].

Pluralité de fautes disciplinaires. En présence de plusieurs fautes disciplinaires reprochées à un détenu au cours d'une même audience disciplinaire, le président de la commission de discipline peut prononcer pour chaque infraction, l'une des sanctions générales prévues par les textes et, « le cas échéant », l'une des sanctions spécifiques. Le cumul de sanctions - et donc de leur durée - peut s'expliquer dans la mesure où plusieurs infractions disciplinaires distinctes sont reprochées au détenu. En somme, les sanctions s'exécutent successivement et leurs durées s'ajoutent les unes aux autres. Mais, y compris dans cette situation, le code pénitentiaire limite les effets du cumul en considérant que pour des sanctions de même nature, « leur durée cumulée ne peut excéder la limite du maximum prévu pour la faute la plus grave » (art. R. 234-34 C. pénit.). À cet effet, trois séries de sanctions sont réputées de même nature : le confinement en cellule individuelle ordinaire et le placement en cellule disciplinaire ; la privation de la faculté d'effectuer des achats en cantine et l'interdiction de recevoir des subsides ; la privation de tout appareil acheté ou loué par l'intermédiaire de l'administration et la privation d'activités culturelles, sportives ou de loisirs.

Confusion des sanctions. Par exception, en présence de plusieurs sanctions de nature identique prononcées, le président de la commission de discipline peut procéder à la confusion de ces dernières, toujours dans la limite du maximum encouru pour l'infraction la plus sévèrement réprimée. Dans cette hypothèse, il fixe la même date de début

---

100 Circ. du 9 juin 2011, préc., n° 3.5.1.

d'exécution pour chaque sanction, ce qui revient à les exécuter simultanément[101].

Réitération. En cas de réitération de fautes, plusieurs situations méritent d'être distinguées. En premier lieu, si la première sanction est toujours en cours d'exécution, la peine totale « ne peut excéder le maximum encouru pour la faute la plus grave ». Ainsi, le prononcé de plusieurs sanctions de cellule disciplinaire successives, tant qu'il ne dépasse pas le total maximum encouru, ne contrevient pas au Code pénitentiaire. Par exemple, un détenu qui persiste à refuser de regagner sa cellule au terme de sa punition de cellule peut être condamné à trois jours puis quatre jours, et ainsi de suite, jusqu'à atteindre au total la durée maximale de mise en cellule disciplinaire[102]. Le refus de sortir de la cellule disciplinaire est bien évidemment une infraction à la discipline. Il peut s'analyser en un refus d'obtempérer aux injonctions des membres du personnel, ce qui correspond à une faute du deuxième degré (art. R. 232-5 1° C. pénit.). En cas de refus successifs qui amèneraient le détenu au-delà du maximum de vingt jours (trente jours si le refus était accompagné de violence à l'encontre du personnel), le détenu doit être réintégré de force en détention ordinaire. Afin de minimiser les risques de commission d'une nouvelle infraction, un transfert peut être envisagé. En second lieu, il en va différemment pour plusieurs sanctions réprimant des faits séparés, lorsque la sanction est purgée avant que de nouvelles poursuites ne soient engagées. Tant que le maximum encouru pour chacune d'elles est respecté, le total général peut dépasser le maximum de vingt jours (ou trente jours) de cellule disciplinaire. Ainsi, parce que la sanction avait été complètement purgée avant qu'une nouvelle procédure ne soit engagée, un

---

101 Circ. 9 juin 2011, préc. n° 3.5.2.2.

102 Cons. d'Et. 2 févr. 2000, *D.* 2001, chron. p. 568, obs. M. Herzog-Evans ; V. aussi pour un total moindre, TA Toulouse 19 janv. 1999, req. n° 6/3006.

détenu n'a pu contester trois sanctions disciplinaires intervenues pour des faits séparés, à savoir quinze jours (dont sept avec sursis) puis huit jours, puis encore trente jours fermes[103]. Cette solution est logique car la durée maximale de mise en cellule disciplinaire - quarante-cinq jours au moment des faits - n'était pas dépassée ; le détenu étant soumis entre chaque sanction au régime normal de détention. En somme, le compteur repart à zéro après l'exécution de chaque sanction. Il faut préciser qu'un délai minimal de vingt-quatre heures doit être respecté entre la sortie du quartier disciplinaire[104] et la comparution devant la commission de discipline et que le détenu doit être soumis au régime ordinaire de détention[105]. Toutefois, il a été jugé que le non-respect de ce délai, en cas de comportement fautif du détenu lui-même, pouvait exonérer l'administration de sa responsabilité[106].

Ces principes approchent les règles en vigueur en droit pénal, concernant les cas de concours d'infractions (art 132-3 C. pén.). Rien ne prohibe, en revanche, un cumul de la répression disciplinaire et pénale.

B. Le cumul de sanctions disciplinaires et pénales

Non bis in idem. La règle *non bis in idem*, en vertu de laquelle il est interdit de prononcer plusieurs peines pour un

---

103 TA Châlons-en-Champagne 4 avr. 2000, *D.* 2001, chron. p. 568, obs. M. Herzog-Evans.

104 Ce délai correspond au délai minimum accordé au détenu pour préparer sa défense en vertu de l'article R. 234-15 C. pénit.

105 Cons. d'Et. 22 avr. 2010, *Rev. Pénit.* 2010, p. 931, obs. E. Péchillon (détenu sanctionné successivement de plusieurs mesures de cellule disciplinaire pour refus de regagner une cellule collective (30 jours, 7 jours, 2 jours). À la suite d'un transfert d'établissement et d'un séjour d'une journée dans une cellule du quartier arrivant, il devait être sanctionné d'une nouvelle mise en cellule disciplinaire de 30 jours pour un motif identique.

106 Détenu violent et agressif qui menaçait d'incendier la cellule dans laquelle il devait être transféré et qui jetait ses excréments sur les personnels cherchant à entrer dans sa cellule, TA Paris 10 févr. 2011, req. n° 0917057.

même fait, est inopérante entre sanctions disciplinaires et sanctions pénales. Il est estimé, traditionnellement, que la poursuite d'un but différent par chacune des deux actions justifie leur indépendance. Leur autonomie se traduit par l'absence d'influence mutuelle de l'une sur l'autre[107]. La décision disciplinaire n'interfère pas sur les poursuites pénales. Réciproquement, l'ouverture d'une enquête ou d'une instruction pénale ne préjuge pas de la solution disciplinaire, sauf à respecter l'autorité absolue qui se dégage des jugements répressifs[108].

L'incidence semble minime en la matière. Eu égard à la finalité différente de la faute disciplinaire et de la faute pénale, l'autorité disciplinaire conserve une liberté de condamnation certaine, qui trouve son expression la plus aboutie dans le sens où le « pénal ne tient pas le disciplinaire en l'état », contrairement en principe au droit civil. Elle doit se garder uniquement, lorsque des points de convergence existent entre les deux actions, de remettre en cause ce que le juge a décidé sur l'existence des faits matériels et la culpabilité au sens pénal. Ainsi a-t-il été jugé que « si les faits constatés par le juge pénal et qui commandent nécessairement le dispositif d'un jugement ayant acquis de force jugée s'imposent à l'administration comme au juge administratif, il n'en est pas de même de la qualification juridique donnée à ces mêmes faits par le juge pénal »[109]. L'autonomie des deux actions est tangible *a fortiori* quand le procès pénal n'est qu'au stade de sa phase préparatoire. Néanmoins, cette indépendance

---

107 TA Dijon 9 juill. 1996, req. n° 965133 ; TA Bastia 3 mars 2005, req. n° 0401327.

108 Ainsi une ordonnance de non-lieu rendue par un juge d'instruction n'est pas de nature à générer l'illégalité des sanctions disciplinaires prononcées, TA Lyon 18 avr. 2006, *D.* 2007, p. 1232, obs. M. Herzog-Evans. En revanche, la sanction disciplinaire infligée à un détenu doit être reconsidérée quand la faute disciplinaire reprochée a donné lieu à la condamnation pénale d'un autre détenu, TA Strasbourg 26 oct. 2006, req. n° 0404912.

109 CAA Nantes 3 mars 2005, *D.* 2006, p. 1082, obs. M. Herzog-Evans.

s'avère parfois gênante. Au nom de l'indépendance des qualifications pénales et disciplinaires, le juge administratif peut valider des sanctions disciplinaires parallèlement à l'ouverture d'une instruction. Ainsi, un détenu a-t-il pu être sanctionné d'une mise en cellule disciplinaire pour violences contre un surveillant qui faisait partie d'un groupe de surveillants mis en examen pour violences contre lui[110].

Ce cumul de la répression est sous-entendu par le droit pénitentiaire lui-même. C'est la signification qu'il faut retenir de l'article D. 214-26 C. pénit. disposant que « tout incident grave touchant à l'ordre et à la discipline ou à la sécurité de la prison doit être immédiatement porté à la connaissance du procureur de la République ». Avisé de certains faits, le procureur pourra, s'il l'estime opportun, requérir l'ouverture d'une information judiciaire sans préjudice des sanctions disciplinaires.

Un parallèle existe avec le problème de l'évasion. Les peines prononcées pour ce délit « se cumulent sans possibilité de confusion avec celle que l'évadé subissait ou celle prononcée pour l'infraction à raison de laquelle il était détenu » (art. 434-31 C. pén.). Il est vrai que la Cour de cassation interprète d'ordinaire le cumul restrictivement mais il subsiste une dérogation supplémentaire au principe *non bis in idem* alors que celui-ci prévaut en droit pénal.

Le fait que certaines sanctions disciplinaires soient susceptibles d'entrer dans la sphère de protection de l'article 6 de la Convention ne change pas en substance, pour l'instant, le problème du cumul des sanctions disciplinaires et pénales[111].

---

110 TA Versailles 16 mars 2001, *D.* 2001, chron. p. 115, obs. M. Herzog-Evans.

111 Sur la question, V. par ex. A. Gouttenoire, Les droits de l'homme en prison, *Rev. pénit.* 2005, p. 107 ; J.P. Céré, Le procès disciplinaire pénitentiaire sous le prisme de la convention européenne des droits de l'homme : un respect en trompe-l'œil ?, *D.*, 2017, pp. 1720.

D'abord, parce que les poursuites intentées au sein de la prison reposent avant tout sur une logique interne au monde pénitentiaire et obéissent donc à un objectif véritablement disciplinaire. Ensuite, car les risques de contradictions entre la décision disciplinaire et la décision pénale sont minimisés par le fait que l'autorité disciplinaire interviendra généralement avant l'ouverture d'un procès pénal. Enfin, parce que l'article 4 du protocole n° 7 additionnel à la Convention européenne des droits de l'homme et relatif à la règle *non bis in idem* a été l'objet d'une réserve du gouvernement français en vertu de laquelle « seules les infractions relevant en droit français de la compétence des tribunaux statuant en matière pénale doivent être regardées comme des infractions au sens des articles 2 à 4 du Protocole ». Il pourrait en aller autrement toutefois, s'il advenait que la Cour européenne des droits de l'homme applique l'article 6 au contentieux disciplinaire pénitentiaire français[112].

La Cour de cassation estime par ailleurs que le cumul joue aussi entre la sanction d'encellulement disciplinaire et une peine d'emprisonnement lorsqu'elles trouvent leur fondement dans un même fait mais également entre une sanction de mise en cellule disciplinaire et le refus de réduction de peine dont elle est accompagnée. Ces décisions ne « sauraient s'analyser comme des condamnations supplémentaires pour la même infraction, mais seulement comme des modalités d'exécution d'un emprisonnement prononcé pour d'autres faits »[113]. Cela revient à considérer que les sanctions pénales et disciplinaires sont de finalité, de nature et de sévérité différentes. C'est pourtant méconnaître la jurisprudence de la

---

112 V. CEDH Gde ch. 10 févr. 2009, *Zolotouchine c/ Russie*, *D.* 2009, p. 2014, note J. Pradel.

113 Cass. Crim. 10 janv. 2017, *AJ Pénal* 2017, p. 145, obs. J. Falxa, *D.* 2017, p. 1274, obs. J.P. Céré ; *D.* 2017, p. 1676, obs. J. Pradel ; *D.* 2017, p. 2501, obs. C. Ginestet ; *AJDA* 2017, p. 446 ; Cass. crim. 27 mars 1997, *D.* 1997. IR. 157 ; *JCP*, 1997.IV.1782.

Cour européenne des droits de l'homme qui reconnaît l'appartenance à la matière pénale des retraits de réduction de peine (cf. *infra*). Pour l'heure, en cas d'annulation de la sanction disciplinaire, il reste aux détenus la faculté de saisir le président de la Chambre d'application des peines pour revenir sur le retrait de réduction de peine. Il est alors tenu de répondre à ses écritures[114].

Section 3. Le régime des sanctions disciplinaires pour les mineurs

L'autonomie du droit disciplinaire pénitentiaire des mineurs est une réalité depuis le décret n° 2007-814 du 11 mai 2007, que les décrets n° 2010-1634 du 23 décembre 2010 et n° 2019-98 du 19 février 2019 ont confirmé. Indépendamment de l'âge du mineur incarcéré, des règles dérogatoires s'imposent aux autorités disciplinaires[115].

Contrairement au droit applicable aux détenus majeurs, le président de la commission de discipline ne peut prononcer, pour une même faute, qu'une seule sanction, qu'elle soit générale ou spéciale (art. R. 124-31 CJPM). Le cumul de sanctions disciplinaires lorsque la commission de discipline est appelée à statuer le même jour sur plusieurs infractions est envisageable, comme pour les majeurs, à moins que le président de la commission de discipline n'en décide autrement (art. R. 124-32 CJPM). La liste des sanctions considérées comme étant de même nature et dont, en conséquence, la durée cumulée ne peut excéder la limite du maximum prévu pour la faute la plus grave, ne comporte pas la privation de la faculté d'effectuer des achats en cantine et l'interdiction de recevoir des subsides. L'exclusion est com-

---

114 Cass. Crim. 9 mai 2018, *D.* 2019, p. 1074, obs. M. H. Evans.

115 Force est de relever que ce renforcement de l'autonomie se limite essentiellement au droit des sanctions applicables aux mineurs. En ce sens, E. Gallardo, *Le statut du mineur détenu*, L'Harmattan, 2008, p. 184 ;

préhensible dans la mesure où cette dernière sanction n'est applicable que pour les majeurs.

Relevons encore que lorsqu'il octroie le sursis, le président de la commission de discipline fixe un délai de suspension de la sanction qui ne peut excéder trois mois - six mois pour les majeurs - (art. R. 124-33 CJPM).

Cette adaptation des sanctions est complétée par une obligation d'information stricte. Le président de la commission de discipline doit ainsi tenir informé, dans les cinq jours du prononcé de toute sanction disciplinaire, le directeur interrégional des services pénitentiaires et le directeur interrégional de la protection judiciaire de la jeunesse ainsi que le juge des enfants sous le contrôle duquel est placé le détenu (ou le cas échéant, le magistrat chargé du dossier de l'information, art. R. 124-22 CJPM). Il doit également en aviser les titulaires de l'autorité parentale ou les représentants légaux de la personne mineure. Par ailleurs, il fait rapport à la commission d'application des peines et à l'équipe pluridisciplinaire en charge du suivi individuel de la personne mineure de toute sanction de confinement en cellule individuelle ordinaire ou de tout placement en cellule disciplinaire prononcée contre un mineur[116].

Le droit disciplinaire pénitentiaire applicable aux mineurs, tout en conservant l'architecture du droit commun, augure d'une personnalisation de la répression disciplinaire à la minorité des détenus. Les textes bannissent le recours à certaines sanctions qui, en aucune façon, ne peuvent concerner les mineurs tout en limitant la durée du recours à d'autres sanctions. Ce faisant, ils opèrent une distinction selon l'âge du mineur. Cette spécificité ressort ostensiblement des dispositions de l'article R. 57-7-4124-30 CJPM qui

---

116 Cette information est obligatoire pour le placement en cellule ordinaire individuelle ou en cellule de disciplinaire lorsqu'il excède 15 jours pour les majeurs.

dispose que les sanctions disciplinaires sont prononcées en considération de son âge et de son degré de discernement.

§ 1. Les sanctions disciplinaires applicables aux mineurs de plus de seize ans

À l'image des règles en vigueur pour les majeurs, le président de la commission de discipline peut prononcer, selon les circonstances, une sanction générale ou une sanction spécifique. Toutefois, de multiples particularismes existent.

A. Les sanctions disciplinaires générales

À l'instar du droit disciplinaire commun, le placement en cellule disciplinaire et le confinement en cellule individuelle se distinguent des autres sanctions générales par un régime spécifique.

1. Les diverses sanctions disciplinaires générales

Diverses sanctions applicables. Le Code pénitentiaire dresse une liste de sanctions pouvant être prononcées quelle que soit la faute commise. Le président de la commission de discipline peut opter pour un avertissement, une privation durant une période au maximum de 15 jours d'effectuer des achats en cantine (hormis les produits d'hygiène et le nécessaire de correspondance)[117], une privation pendant 15 jours de tout appareil audiovisuel dont le mineur a l'usage personnel (télévision, lecteur MP 3, console de jeux…), une privation ou une restriction d'activités culturelles, sportives et de loisirs pour une période n'excédant pas 8 jours (art. R. 124-23 CJPM).

Activité de réparation. Une activité de réparation peut également être envisagée. Son prononcé est alors nécessairement soumis au recueil préalable du consentement

---

[117] Contrairement aux majeurs, la privation de cantine inclut l'achat de tabac. Comp. art. R. 124-23 2° CJPM et R. 233-1 3° C. pénit.

préalable du mineur et des titulaires de l'autorité parentale ou de ses représentants légaux (art. R. 124-25 CJPM). Cette sanction peut se traduire par une réparation à l'égard de la victime ou de la collectivité. Il appartient au président de la commission de discipline d'en définir le contenu au cas par cas parmi les possibilités offertes par l'article R. 124-25 du code de la justice pénale des mineurs. La sanction de réparation revient soit à présenter oralement ses excuses à la victime de la faute, soit à rédiger une lettre d'excuse, soit à rédiger un écrit portant sur la faute commise et sur le préjudice qu'elle a occasionné. La sanction de réparation peut encore consister en un travail de nettoyage ou de rangement des locaux sous réserve notable que la faute soit en lien avec un manquement aux règles de l'hygiène[118]. L'article R. 124-25 promeut l'exécution de tâches de nettoyage ou de rangement des locaux, en précisant que cette sanction de réparation doit se dérouler sur une durée préconisée de dix heures maximum. Elle a pour objectif de « faire prendre conscience au mineur du préjudice subi par la collectivité carcérale en cas de dégradations des installations qui lui sont destinées »[119].

2. Le confinement en cellule individuelle ordinaire

Mineurs de plus de 16 ans. Le mineur de plus de 16 ans peut faire l'objet d'un confinement en cellule individuelle ordinaire, uniquement pour les infractions du premier degré suivantes : exercer de tenter d'exercer des violences physiques à l'encontre d'un membre du personnel ou d'une personne en mission ou en visite dans l'établissement ; exercer ou tenter d'exercer des violences physiques à l'encontre d'une personne détenue ; opposer une résistance violente aux injonctions des personnels ; obtenir ou tenter d'obtenir

---

118 Le caractère spécifique de cette modalité de la sanction de réparation subsiste donc.

119 Circulaire NOR : JUSK0740097 C du 8 juin 2007, *BOMJ* 2007/03, n° 5.2.1.

par violence, intimidation ou contrainte la remise d'un bien, la réalisation d'un acte, un engagement, une renonciation ou un avantage quelconque ; commettre intentionnellement des actes de nature à mettre en danger la sécurité d'autrui ; provoquer par des propos ou des actes à la commission d'actes de terrorisme ou d'en faire l'apologie ; participer ou tenter de participer à toute action collective de nature à compromettre la sécurité des établissements ou à en perturber l'ordre ; participer à une évasion ou à une tentative d'évasion ; causer ou tenter de causer délibérément aux locaux ou au matériel affecté à l'établissement un dommage de nature à compromettre la sécurité, l'ordre ou le fonctionnement normal de celui-ci ; introduire ou tenter d'introduire au sein de l'établissement tous objets, données stockées sur un support quelconque ou substances de nature à compromettre la sécurité des personnes ou de l'établissement, de les détenir ou d'en faire l'échange contre tout bien, produit ou service.

Spécificités. Cette sanction fait l'objet de plusieurs particularismes. La durée maximale du confinement en cellule individuelle ordinaire est ramenée à sept jours pour une faute du premier degré, à cinq jours pour une faute du deuxième degré et à trois jours pour une faute du troisième degré. En outre, le régime de cette sanction est assoupli dans la mesure où le confinement du mineur en cellule ordinaire n'entraîne pas d'interruption de la scolarité ou de la formation (art. R. 124-26 CJPM).

Sursis. Le prononcé d'un sursis à exécution de la sanction du placement en cellule individuelle ordinaire peut s'accompagner, durant tout ou partie du délai de suspension, de travaux de nettoyage. Leur durée globale ne doit pas excéder 20 heures et le consentement du mineur doit être préalablement recueilli (art. 124-35 CJPM). Comme pour les majeurs, l'inexécution totale ou partielle du travail ordonné peut entraîner une révocation en tout ou partie du sursis par le président de la commission de discipline. Ce dernier doit constater l'inexécution sur rapport d'un membre du personnel, après avoir entendu le détenu. Pour les mineurs de plus de 16 ans, les observations du service du secteur public de la protection judiciaire et de la jeunesse sont, au surplus, recueillies (art. R. 124-36 CJPM).

3. La mise en cellule disciplinaire

Recours exceptionnel. À titre exceptionnel, le placement en cellule disciplinaire, sanction la plus lourde, peut être également prononcé. Les conditions sont limitativement fixées par l'article R. 124-24 du code de la justice pénale des mineurs[120]. Cet article vise les fautes les plus graves qui ont une incidence sur la sécurité des personnes et de l'établissement.

Fautes autorisées. Pour le premier degré de gravité, il doit s'agir des agissements suivants : exercer ou de tenter d'exercer des violences physiques à l'encontre d'un membre du personnel ou d'une personne en mission ou en visite dans l'établissement ; exercer ou de tenter d'exercer des violences physiques à l'encontre d'une personne détenue ; opposer une résistance violente aux injonctions des personnels ; obtenir ou de tenter d'obtenir par violence, intimidation ou contrainte la remise d'un bien, la réalisation d'un acte, un engagement, une renonciation ou un avantage quelconque ; commettre intentionnellement des actes de nature à mettre en danger la sécurité d'autrui ; provoquer par des propos ou des actes à la commission d'actes de terrorisme ou d'en faire l'apologie ; participer ou de tenter de participer à toute action collective de nature à compromettre la sécurité des établis-

---

120 Comme pour accentuer le caractère exceptionnel du placement en cellule disciplinaire, cet article le considère comme une sanction particulière dans le sens où elle ne peut être prononcée qu'en réponse à la commission de certaines fautes disciplinaires. Cette sanction se distingue néanmoins des sanctions spécifiques applicables aux majeurs dans la mesure où son application ne dépend pas toujours des circonstances de la faute elle-même, comme cela est exigé pour ces dernières.

sements ou à en perturber l'ordre ; participer à une évasion ou à une tentative d'évasion ; causer ou de tenter de causer délibérément aux locaux ou au matériel affecté à l'établissement un dommage de nature à compromettre la sécurité, l'ordre ou le fonctionnement normal de celui-ci ; introduire ou tenter d'introduire au sein de l'établissement tous objets, données stockées sur un support quelconque ou substances de nature à compromettre la sécurité des personnes ou de l'établissement, de les détenir ou d'en faire l'échange contre tout bien, produit ou service ; proférer des insultes, des menaces ou des propos outrageants à l'encontre d'un membre du personnel de l'établissement, d'une personne en mission ou en visite au sein de l'établissement pénitentiaire ou des autorités administratives ou judiciaires ; proférer des insultes ou des menaces à l'encontre d'une personne détenue. Pour le deuxième degré, la punition de cellule peut être prononcée si le détenu se soustrait à une sanction disciplinaire prononcée à son encontre.

Durée. La durée de placement en cellule disciplinaire est limitée dans le temps à 7 jours pour une faute du premier degré de gravité, à 5 jours pour une faute du deuxième degré (art. R. 124-29 CJPM).

Régime. Conformément à l'objectif de spécialisation de la justice disciplinaire des mineurs, le régime de la cellule disciplinaire est aménagé. Le prononcé de cette sanction ne doit pas mener à un isolement trop marqué qui pourrait s'avérer néfaste pour un jeune sujet. De fait, la spécificité de la protection du mineur est appréhendée par la réglementation à un double niveau. Il bénéficie de conditions de détention au sein du quartier disciplinaire plus favorables que les majeurs, avec le maintien de l'accès à l'enseignement ou la formation. Cet assouplissement est motivé par la nécessité de sauvegarder la place désormais prépondérante donnée à l'enseignement et à la formation dans le parcours personnel du mineur. Il bénéficie au surplus d'un régime de visites plus favorable. Alors que les majeurs peuvent ne peuvent recevoir de visites qu'une fois par semaine, le mineur de plus de seize ans ne se voit contraint par aucune restriction en matière pour recevoir les visites « de sa famille ou de toute autre personne participant effectivement à son éducation et à son insertion sociale » (art. R. 124-28 CJPM)[121].

B. Les sanctions disciplinaires spécifiques

La liste des infractions spécifiques applicables aux mineurs de plus de seize ans se résume à la suspension de la décision de classement dans un emploi ou une activité de formation, pour une durée limitée à trois jours (huit jours pour les majeurs) et à la suspension de la décision de classement dans un emploi ou une activité de formation pour une durée limitée à trois jours (huit jours pour les majeurs).

§ 2. Les sanctions disciplinaires applicables aux mineurs de moins de seize ans

Le principe de spécialisation des sanctions disciplinaires pour les détenus mineurs trouve un aboutissement évident pour ceux âgés de moins de 16 ans. Cette volonté de protection transparaît dans l'interdiction de recourir à la cellule disciplinaire et à une mise à pied d'un emploi ou d'une formation.

Diverses sanctions applicables. Tout d'abord, le président de la commission de discipline peut recourir dans les mêmes conditions que pour les mineurs de plus de 16 ans à des sanctions disciplinaires générales[122]. Ce faisant, il peut prononcer un avertissement, une privation durant une période

---

121 Cette qualité est établie d'un commun accord entre les services de la PJJ et de l'administration pénitentiaire. Cf. circ. 8 juin 2007, préc. n° 5.2.2.2.1

122 Étant bien entendu que ces sanctions doivent toujours être prononcées en considération de l'âge, de la personnalité et du degré de discernement du mineur.

au maximum de 15 jours d'effectuer des achats en cantine (à l'exclusion des produits d'hygiène et du nécessaire de correspondance), une privation pendant 15 jours de tout appareil audiovisuel dont le mineur a l'usage personnel, une activité de réparation, une privation ou une restriction d'activités culturelles, sportives et de loisirs pour une période n'excédant pas 8 jours).

Confinement individuel. Ensuite, le mineur de moins de 16 ans peut être sanctionné par un confinement en cellule individuelle ordinaire. Toutefois, le recours à cette punition se limite à la commission de certaines fautes du premier degré de gravité (à savoir, exercer ou de tenter d'exercer des violences physiques à l'encontre d'un membre du personnel ou d'une personne en mission ou en visite dans l'établissement ; exercer ou de tenter d'exercer des violences physiques à l'encontre d'une personne détenue ; opposer une résistance violente aux injonctions des personnels ; obtenir ou de tenter d'obtenir par violence, intimidation ou contrainte la remise d'un bien, la réalisation d'un acte, un engagement, une renonciation ou un avantage quelconque ; commettre intentionnellement des actes de nature à mettre en danger la sécurité d'autrui ; provoquer par des propos ou des actes à la commission d'actes de terrorisme ou d'en faire l'apologie ; participer ou de tenter de participer à toute action collective de nature à compromettre la sécurité des établissements ou à en perturber l'ordre ; participer à une évasion ou à une tentative d'évasion ; causer ou de tenter de causer délibérément aux locaux ou au matériel affecté à l'établissement un dommage de nature à compromettre la sécurité, l'ordre ou le fonctionnement normal de celui-ci ; introduire ou tenter d'introduire au sein de l'établissement tous objets, données stockées sur un support quelconque ou substances de nature à compromettre la sécurité des personnes ou de l'établissement, de les détenir ou d'en faire l'échange contre tout bien, produit ou service). Le confinement reste strictement limité à 3 jours et il n'entraîne pas d'interruption de la scolarité ou de la formation ou encore des entretiens avec les personnels de la protection judiciaire et de la jeunesse (art. R. 124-26 et 124-27 CJPM).

Cette possibilité de confinement n'existait pas, avant 2007, pour les mineurs de moins de seize ans. De façon systématique aucune mesure d'isolement (confinement en cellule ordinaire ou placement au quartier disciplinaire) ne pouvait être prononcée à leur égard. Le décret du 11 mai 2007, qui se trouve confirmé par celui du 23 décembre 2010, marque une tendance plus répressive. Mais cette sévérité de façade est en réalité tempérée par un adoucissement du régime du confinement en cellule pour les mineurs. Pour ces derniers, cette sanction n'entraîne pas d'interruption de la scolarité ou de la formation. Il est donc permis de voir dans cette faculté offerte au président de la commission de discipline, un atout supplémentaire pour une meilleure individualisation des sanctions disciplinaires à l'égard des mineurs.

Spécificités. À l'instar du droit pénal, les sanctions disciplinaires pénitentiaires peuvent apparaître aujourd'hui particulièrement adaptées pour les mineurs. La durée de ces sanctions, indiscutablement réduite au regard de celles prévues pour les majeurs, participe de ce constat, ainsi, d'ailleurs, que le rétrécissement de la durée de placement en cellule individuelle ordinaire ou de la mise en cellule disciplinaire.

Cette spécificité du droit disciplinaire pénitentiaire substantiel succombait devant le déroulement de la procédure disciplinaire dont le formalisme n'était pas, lui, toujours approprié au régime de détention en vigueur dans les établissements pénitentiaires pour mineurs (EPM). Ce n'est pas tant le panel des sanctions qui est insuffisant mais plutôt l'absence d'immédiateté de la réponse disciplinaire qui a pu mettre en défaut l'autorité des personnels pénitentiaires.

Aussi, un régime qualifié d'« infra disciplinaire » (ou de « mesures de bon ordre ») a été instauré, après avoir été expérimenté dans quelques établissements[123]. Il revient à infliger, de façon alternative à la procédure disciplinaire, certaines mesures telles qu'une privation ponctuelle d'activités, de télévision ou imposer une mesure de réparation.

---

123 Note NOR : JUSK1240025N du 19 mars 2012 relative aux mesures de bon ordre (MBO) appliquées aux personnes détenues mineures. N. Grille, Le droit pénitentiaire des mineurs à l'épreuve des nouveaux EPM : pratiques professionnelles et usages du droit en prison, *AJ Pénal* 2010, p. 23.

2e PARTIE

Le droit disciplinaire processuel

À l'instar de la procédure pénale, dès le déclenchement des poursuites, la réglementation est entourée d'un formalisme de nature à consolider les garanties, en termes de droits de la défense, alloués au détenu. La nette rupture de l'égalité des armes entre l'accusation et la partie poursuivie qui caractérisait la procédure disciplinaire pénitentiaire tend à se réduire. Ce hiatus a été partiellement comblé par l'arrivée des avocats en prison mais il subsiste quelques brèches. La crédibilité du procès disciplinaire en sort d'autant plus renforcée que la jurisprudence se montre vigilante (Chapitre 1). Seulement, les déficiences au stade des recours contre les sanctions disciplinaires et leur intérêt limité pour les détenus tempèrent indiscutablement l'efficacité de la protection (Chapitre 2).

Chapitre 1. Le procès disciplinaire

De la découverte d'une infraction au prononcé d'une sanction disciplinaire, le parcours procédural imposé sous-tend le respect d'un formalisme incontournable. Influencé par les dispositions des Règles pénitentiaires européennes, il permet d'éviter que des accusations hasardeuses ou des poursuites discrétionnaires n'aboutissent. Une procédure équitable doit nécessairement garantir les droits du détenu. Or, sur ce point, le droit français laisse encore à désirer. L'information du détenu et la préparation de sa défense sont affaiblies par le pouvoir réservé au chef d'établissement dans la phase préparatoire du procès (Section 1). La présence de l'avocat devant la commission de discipline vient certes rehausser le niveau de protection du détenu accusé d'une infraction disciplinaire, mais elle n'estompe pas les carences relevées durant la phase décisoire (Section 2).

Section 1. La phase préparatoire

La procédure disciplinaire comprend des phases distinctes qui font suite à la constatation d'un manquement aux règles disciplinaires (§ 1). Elles tendent à imiter les étapes du procès pénal, jusque y compris dans le choix de partir sur une alternative aux poursuites (§ 2). Le déclenchement des poursuites se traduit par l'intégration progressive en jurisprudence de principes en matière de preuve (§ 3). À ce stade, le recours à la détention disciplinaire provisoire est possible (§ 4), tout en s'accordant du respect des droits de la défense (§ 5).

§ 1. La constatation du fait disciplinaire

Le compte rendu d'incident. La rédaction d'un compte rendu d'incident matérialise le début de l'action disciplinaire. Ce document, initié et rédigé par un surveillant pénitentiaire, rend compte d'actes violant les règles de discipline de l'établissement. Après une information orale du détenu, limitée à la simple connaissance qu'une procédure disciplinaire est sollicitée à son encontre. Le compte rendu d'incident est un marqueur introductif de la procédure disciplinaire mais qui n'emporte guère d'impact juridique sur la légalité de la décision subséquente[124]. Ainsi, le constant de la partialité de son auteur a été considérée comme sans influence sur la régularité de la procédure disciplinaire, dès lors que les faits répertoriés sur le compte rendu d'incident n'ont pas fondé la sanction retenue à l'encontre de l'intéressé[125].

Les suites du compte rendu d'incident. La rédaction d'un compte rendu d'incident ouvre la voie à plusieurs solutions

---

124 Cons. d'Et. 1er mars 2021, req. n° 436013, *AJDA* 2021, p. 482 ; *D.* 2021, p. 1106, obs. J.P. Céré.

125 CAA Douai 4 janv. 2023, req. n° 22DA00265, *D.* 2023, p. 1093, obs. E. Péchillon et S. Renard.

pour le chef d'établissement, outre la faculté admissible de classer sans suite les faits constatés. Il peut opter pour une alternative ou déclencher les poursuites.

§ 2. L'alternative aux poursuites

C'est la loi n° 2023-1059 du 20 novembre 2023 qui a posé le principe d'une procédure alternative aux poursuites disciplinaires (art. L. 231-4 C. pénit.). Sa mise en musique résulte du décret n° 2024-1062 du 25 novembre 2024. Cette procédure sur certains de ses aspects pourrait s'apparenter à la composition pénale à l'aune de plusieurs confluences (par ex. reconnaissance de l'infraction commise, absence de caractère obligatoire de l'assistance par un avocat, prohibition de poursuites ultérieure en cas d'exécution de la mesure).

A. Le champ d'application de la procédure alternative

Préliminaires. La procédure alternative aux poursuites ne concerne que les personnes détenues majeures et ne répond qu'à une liste de fautes disciplinaires limitativement énumérées par le code pénitentiaire.

Les fautes du 3e degré. La procédure alternative aux poursuites est une réponse idoine aux comportements estimés comme les moins graves. Dès lors, il est cohérent d'y retrouver toutes les fautes disciplinaires du troisième degré listées à l'article R. 232-6 du code pénitentiaire (ne pas respecter les dispositions du règlement intérieur de l'établissement pénitentiaire ou les instructions particulièrement arrêtées par le chef d'établissement ; entraver ou tenter d'entraver les activités de travail, de formation, culturelles, cultuelles ou de loisirs ; communiquer irrégulièrement avec une personne détenue ou avec toute autre personne extérieure à l'établissement ; négliger de préserver ou d'entretenir la propreté de sa cellule ou des locaux communs ou de prendre soin des objets mis à disposition par l'administration ; jeter tout objet ou substance par les fenêtres de l'établissement ; faire un usage abusif ou nuisible d'objets autorisés par le règlement intérieur ; pratiquer des jeux interdits par le règlement intérieur ; inciter une personne détenue à commettre l'un des manquements énumérés cet article R. 232-6 ou lui prêter assistance à cette fin).

Les fautes du 2e degré. Le chef d'établissement peut également recourir à la procédure alternative aux poursuites pour certaines des fautes du deuxième degré de gravité de l'article R. 232-5 du code pénitentiaire, limitativement énumérées par l'article R. 232-7 C. pénit. (refuser de se soumettre à une mesure de sécurité définie par une disposition législative ou réglementaire, par le règlement intérieur de l'établissement pénitentiaire ou par toute autre instruction de service ou refuser d'obtempérer immédiatement aux injonctions du personnel de l'établissement ; mettre en danger la sécurité d'autrui par une imprudence ou une négligence ; imposer à la vue d'autrui des actes obscènes ou susceptibles d'offenser la pudeur ; enfreindre ou tenter d'enfreindre les dispositions législatives ou réglementaires, le règlement intérieur de l'établissement ou toute autre instruction de service applicables en matière d'introduction, de détention, de circulation, ou de sortie de sommes d'argent, correspondance, objets ou substances quelconques hors les cas prévus aux articles 10° et 11° de l'article R. 232-4 ; causer délibérément un dommage aux locaux ou au matériel affecté à l'établissement hors le cas prévu à l'article R. 234-4 9° ; causer délibérément un dommage à la propriété d'autrui ; commettre ou tenter de commettre un vol ou toute autre atteinte frauduleuse à la propriété d'autrui ; se trouver en état d'ébriété ; provoquer un tapage de nature à troubler l'ordre de l'établissement ; d'inciter une personne détenue à commettre l'un de ces manquements dans la mesure où cela tend à la commission d'une de ces fautes).

B. Le déroulement de la procédure alternative

Principe d'opportunité. C'est le d'établissement, sur la base du compte rendu d'incident, qui dispose de l'opportunité de mettre en œuvre la procédure alternative aux poursuites qui ne pourra se poursuivre qu'avec l'accord de la personne détenue, dans la mesure où les faits sont reconnus. Son consentement doit d'ailleurs être recueilli par écrit et il peut y revenir sous 48h.

Présence de l'avocat ? L'intervention d'un avocat est passée sous silence par les textes. Au nom du respect des droits de la défense, rien ne devrait s'opposer néanmoins à ce que le détenu puisse, à sa demande, consulter son conseil. Pour les mineurs, le Conseil d'État a jugé que « si le libellé de certaines mesures de bon ordre peut être très proche, voire identique à celui de certaines sanctions, ces mesures -qui ne peuvent jamais consister en une privation de promenade ni d'activité éducative et sont d'une durée très courte- ne peuvent, au regard de ce qui les motive et des conditions de leur mise en œuvre, être regardées comme des sanctions »[126]. Le constat diffère quelque peu pour la procédure alternative aux poursuites pour les détenus majeurs qui se voient appliquer des mesures de plus longue durée et qui peuvent consister en des privations d'activités culturelles.

C. Les mesures alternatives applicables

Mesures de réparation. La procédure alternative aux poursuites consiste à proposer à la personne détenue d'effectuer une mesure de réparation - au nombre de neuf -, à savoir : le rappel à la règle ; la rédaction d'une lettre d'excuses ; la rédaction d'un écrit portant sur la faute commise et, le cas échéant, sur le dommage qu'elle a occasionné ; la rencontre, en présence d'un tiers assurant la médiation, entre l'auteur et

---

126 Cons. d'Et. 24 sept. 2014, Assoc. Ban Public, req. n° 362472, *AJDA* 2015, p. 19 ; *Gaz. Pal.* 30 oct. 2014, p. 14, obs. G. Roussel.

la personne affectée par la faute qui a préalablement consenti à une telle rencontre ; l'accomplissement d'une action de sensibilisation en rapport avec la faute commise ; la privation de la faculté d'effectuer en cantine tout achat autre que celui de produits d'hygiène, du nécessaire de correspondance et de tabac, pendant une période maximum de 8 jours ; la privation de tout appareil acheté ou loué par l'intermédiaire de l'administration pendant une période maximum de 8 jours ; la privation d'une ou plusieurs activités culturelle, sportive ou de loisirs pendant une période maximum de 8 jours ; l'exécution d'une mesure de nettoyage, remise en l'état, ou entretien des cellules ou locaux communs ne pouvant excéder 10 heures (art. R. 232-8 C. pénit.).

Quantum. Certaines mesures de réparation correspondent aux sanctions disciplinaires en vigueur mais avec un quantum réduit (huit jours contre deux mois pour la privation de cantine, huit jours contre un mois pour la privation de tout appareil acheté ou loué par l'intermédiaire de l'administration, huit jours contre un mois pour la privation d'une ou plusieurs activités culturelle, sportive ou de loisirs ou encore 10h contre 40h pour l'exécution d'une mesure de nettoyage, remise en état, ou entretien des cellules ou locaux communs). Cette dernière, au titre de la procédure alternative, perd au passage le qualificatif d'« exécution d'un travail d'intérêt collectif », comme pour se transmuter en véritable mesure de réparation.

Issue de la procédure. Au terme de la procédure alternative aux poursuites, deux issues sont envisageables. Soit la mesure de réparation est intégralement exécutée et les faits reprochés ne peuvent plus faire l'objet de poursuites disciplinaires. Le juge de l'application des peines est alors informé de la bonne exécution de la mesure de réparation. Soit la mesure ne l'est pas et le président de la commission de discipline peut enclencher une procédure disciplinaire sans pouvoir prononcer une sanction en se fondant sur la reconnaissance des faits exprimée au cours de la procédure alternative.

§ 3. L'instruction des faits

Rédaction d'un rapport d'incident. À la suite du compte rendu d'incident, en l'absence de recours à la procédure alternative aux poursuites ou à la suite de son échec, un rapport d'incident doit être rédigé. Il l'est soit par un « membre du personnel de commandement du personnel de surveillance, un major pénitentiaire ou un premier surveillant » nommé par le chef d'établissement. Cela suppose, pour le gradé, de procéder à l'instruction des faits afin de rassembler « tout élément d'information utile sur les circonstances des faits reprochés à la personne détenue et la personnalité de celle-ci ».

Contenu du rapport d'incident. Le rapport comprend un avis et des observations sur les faits reprochés au détenu. À ce titre, l'autorité pénitentiaire chargée de la conduite de l'enquête recueille, pour clarifier les circonstances de l'incident, les déclarations des protagonistes de l'affaire (détenu, surveillant, témoins). Pour ce qui concerne la personne détenue, il convient, avant de recueillir ses éventuelles observations, de l'informer de son droit de se taire[127]. Le personnel gradé en charge de l'enquête consulte aussi le dossier du détenu afin de rassembler les éléments de personnalité comme ses éventuels antécédents disciplinaires. Pour les détenus mineurs, ce rapport est obligatoirement enrichi par des éléments sur la situation personnelle, sociale et familiale de l'intéressé. Ce complément d'information est effectué par les services de la protection judiciaire et de la

---

127 TA Amiens 27 févr. 2025, req. n° 2500444, *AJ Pénal* 2025, p. 304, obs. J.P. Céré ; *D.* 2025, Pan., p. 1096, obs. E. Péchillon ; *D.* Actu 30 avr. 2025, interview. B. David.

jeunesse qui formulent toute proposition éducative opportune (art. R. 124-16 CJPM)[128].

Issues possibles. L'enquête aboutie, le rédacteur transmet un rapport écrit au chef d'établissement. Ce dernier (ou son délégataire) prend alors la décision de classer l'affaire sans suite ou de faire comparaître le détenu devant la commission de discipline. Il appartient à l'administration d'apporter la preuve que c'est bien le chef d'établissement qui a pris une telle décision[129]. Il peut déléguer ses pouvoirs mais il doit alors produire toutes les pièces attestant des publications régulières de la délégation[130].

La décision de classement sans suite est assimilée à une mesure d'ordre intérieur, y compris lorsque la seule existence du rapport d'incident conduit le JAP à refuser des réductions de peine[131].

Le formulaire de convocation comprend le nom, prénom et numéro d'écrou de la personne mise en cause, une synthèse des éléments mentionnés sur le compte rendu d'incident et ceux fournis par l'enquête (date et heure des faits, description des faits), visa de la base légale des poursuites et libellé

---

128 Ces spécifications pourront s'avérer fort utiles dans la mesure où la protection judiciaire et de la jeunesse a vocation à intervenir directement dans la prise en charge des mineurs au sein des établissements. V. not. P. Bonfils et A. Gouttenoire, *Droit des mineurs*, 3e éd. Dalloz, 2021, p. 1190 et s. ; E. Gallardo, *Le statut du mineur détenu*, L'Harmattan, 2008, p. 109 et s. ; N. Grille, La perspective des établissements spécialisés pour mineurs, le pari d'une prison éducative ?, *AJ Pénal* 2005, p. 64.

129 CAA Versailles 28 juin 2007, req. n° 06VE00278. L'agent chargé du rapport d'enquête avait coché la case « poursuite » en face du mot « décision » du formulaire préimprimé du rapport d'enquête et la commission de discipline n'était pas présidée par le chef d'établissement. La commission de discipline n'a donc pas été valablement saisie pour le juge.

130 Tel n'est pas le cas si l'attestation de publicité et la note à la population pénale ne portent que sur la présidence de la commission de discipline et non sur l'opportunité de poursuivre la procédure, CAA Nantes 15 avr. 2010, req. n° 09NT00124.

131 TA Caen 18 avr. 2000, req. n° 99-5131.

de la faute. Ce document doit informer le détenu de son droit de se faire assister par un avocat, du délai minimum de 24h pour préparer sa défense et de la faculté de bénéficier de l'aide juridique. Pour les détenus mineurs, une copie de la convocation doit être communiquée aux titulaires de l'autorité parentale ou aux représentants légaux du mineur (art. R. 124-18 C. pénit.).

Caractéristiques de la procédure. La procédure disciplinaire s'inscrit dans un processus quasi juridictionnel. Ainsi, à l'instar du procureur de la République pour les infractions pénales, le pouvoir du chef d'établissement repose sur le principe de l'opportunité des poursuites. D'autres similitudes avec la procédure pénale existent. L'information obligatoire du détenu sur les faits qui lui sont reprochés et sur leur qualification juridique peut faire penser, entre autres, à la mise en examen notifiée en première comparution par le juge d'instruction avant toute audition.

Toutefois, la procédure disciplinaire se démarque notablement du procès pénal. Les garanties procédurales cèdent bien souvent le pas devant les pouvoirs dévolus aux chefs d'établissement et la question de la preuve des agissements fautifs ne s'avère pas définitivement tranchée.

§ 4. Les règles de preuve

Plusieurs décisions de jurisprudence contiennent des éléments intéressants tant sur la charge de la preuve (A) que sur les règles à adopter en matière d'établissement des faits, notamment en ce qui concerne le problème hautement décisif de la preuve des faits et des modes de preuve (B).

A. La charge de la preuve

Preuve à la charge de l'administration. Il ne faut pas s'étonner si la jurisprudence met à la charge de l'administration pénitentiaire la preuve des faits à l'origine d'une sanction. La règle générale de procédure, *actori incumbit probatio*, en vertu de laquelle la partie poursuivante a la charge d'établir la preuve, doit pouvoir s'appliquer au procès disciplinaire en prison. C'est donc sans surprise que les tribunaux administratifs estiment que la charge de la preuve incombe à l'administration et qu'elle doit établir la matérialité de l'infraction disciplinaire[132]. Le principe de la présomption d'innocence commande une telle optique. Pour autant, le particularisme de la répression en prison a pu conduire parfois certaines juridictions à accorder une importance sans doute excessive aux indications figurant au dossier disciplinaire. Ainsi dans quelques affaires anciennes, comme il ressortait du dossier que les faits justifiaient la décision et que leur « inexactitude matérielle n'était pas établie par le requérant », la condamnation du détenu a été confirmée[133] ou que « la matérialité des faits retenus pour justifier la sanction est établie par les pièces versées au dossier »[134].

En synthétisant la jurisprudence, aujourd'hui il est possible d'estimer clairement qu'il revient à l'administration pénitentiaire de prouver les faits répréhensibles. Dans l'hypothèse où le dossier disciplinaire ne laisse planer aucun doute sur la matérialité des faits, le détenu peut alors être obligé d'apporter la preuve contraire, avec toutes les difficultés que cela suppose pour une personne incarcérée. Certes, rien ne s'oppose à ce que le principe de la liberté de la preuve prévale en matière disciplinaire, faute de précisions dans les textes. Mais sa mise en œuvre peut se heurter bien souvent au contexte et aux contraintes du monde carcéral.

---

132 V. par ex. parmi les nombreuses décisions, TA Melun 15 oct. 1997, *Frérot* ; TA Strasbourg 20 févr. 1998, Lajoye ; TA Marseille, 4 mars 1998, cité *in D.* 1999, chron. p. 512, J.P. Céré et M. Herzog-Evans ; TA Strasbourg 19 janv. 2001 et TA Nancy 6 févr. 2001, *D.* 2002, chron. p. 116, obs. J.P. Céré.

133 TA Bordeaux 18 juill. 1996, req. n° 9500593.

134 TA Bordeaux 2 avr. 2003, req. n° 012950.

B. Les modes de preuves

Matérialité des faits. L'administration pénitentiaire se doit donc d'établir la matérialité des faits préalablement à toute poursuite. À défaut, la sanction prononcée sera évidemment annulée par le juge administratif. Lorsque, en revanche, le dossier disciplinaire est étayé, le détenu aura toutes les difficultés à en combattre ses éléments. Néanmoins, la jurisprudence souligne un contrôle de plus en plus poussé du juge administratif qui, en fonction des circonstances, peut, ne pas se contenter des éléments figurant au dossier et, même, accéder à une demande d'expertise[135].

Absence de reconnaissance des faits. Parfois, la matérialité des faits rapportée par les autorités pénitentiaires n'est pas considérée comme suffisante, notamment lorsque le détenu ne reconnaît pas les faits. Tel est le cas lorsqu'un détenu nie avoir frappé un autre détenu et que la commission de discipline se fonde, pour le condamner, sur le seul témoignage du codétenu avec lequel il était censé s'être bagarré[136] ou lorsqu'un détenu conteste en avoir frappé un autre, qu'aucun des cinq détenus présents lors de l'agression n'avait vu un échange de coups entre les deux protagonistes et que la condamnation repose, là aussi, sur le seul témoignage de la prétendue victime[137]. Il a été jugé à l'identique lorsque le détenu est sanctionné pour agression contre un autre détenu sur la base d'un compte rendu d'un surveillant qui n'avait pas été témoin oculaire des faits et alors que huit autres détenus

---

135 Un détenu niait être l'auteur d'une commande de sous-vêtements féminins destinés à la directrice de l'établissement. Il avait demandé au juge une comparaison de son écriture avec celle figurant sur le bon de commande, ce qui avait permis de démontrer qu'il n'en était pas l'auteur. TA Rouen 21 déc. 2005, *D.* 2007, p. 1231, obs. M. Herzog-Evans.

136 TA Marseille 4 mars 1998, préc.

137 TA Clermont-Ferrand 18 déc. 2003, *AJ Pénal*, 2004, p. 164, obs. P. Remillieux.

certifiaient qu'il n'était pas l'agresseur mais la victime de la bagarre[138].

Il est donc clair qu'une sanction disciplinaire s'appuyant sur l'unique témoignage de la victime ou d'un codétenu pourra s'avérer insuffisante ; *a fortiori* si le juge relève que ce dernier avait tout intérêt à accabler le requérant[139]. Il doit en aller à l'identique au nom du doute, en cas de témoignages contradictoires et en l'absence de comparution devant la commission de discipline du détenu témoin des faits[140].

Les témoignages peuvent donc revêtir une importance décisive. Le juge exige en effet parfois que les documents produits par l'administration pénitentiaire soient corroborés par des témoignages. À défaut, l'exactitude matérielle des faits peut ne pas être reconnue. C'est le cas dans une affaire ou un détenu contestait avoir donné un coup d'épaule surveillant, or ni l'infirmière ni le surveillant ayant assisté à l'incident n'avait été entendu par la commission de discipline[141].

Passé disciplinaire. Dans une autre affaire encore, la matérialité des faits n'a pas encore été retenue à propos d'un détenu puni de vingt-cinq jours de mise en cellule disciplinaire car une carte Sim avait été découverte dans une cellule qu'il partageait avec un autre détenu[142]. Sa condamnation reposait sur la seule circonstance qu'un téléphone portable et deux cartes Sim avaient déjà été trouvés dans sa cellule, quelques mois auparavant, dans un autre établissement péni-

---

138 TA Strasbourg 15 janv. 2001, *D.* 2002, p. 116, obs. J.P. Céré.

139 De surcroît, dans cette affaire, le témoignage du codétenu était accompagné par celui d'un surveillant et d'autres détenus. Mais sans que le jugement permette d'en connaître les raisons précises, le juge ne s'est pas estimé convaincu par ces derniers. TA Nantes 26 avr. 2007, *AJ Pénal* 2007, p. 391, obs. M. Herzog-Evans.

140 TA Strasbourg 26 oct. 2006, req. n° 0404912.

141 CAA Douai 15 oct. 2009, req. n° 09DA00600.

142 TA Nice 12 octobre 2004, *D.* 2005, p. 997, obs. J.P. Céré.

tentiaire. Il faut effectivement convenir que le passé disciplinaire d'un détenu ne peut à lui seul fonder des poursuites disciplinaires.

Les principes en matière de preuve sont finalement établis en droit disciplinaire pénitentiaire par la jurisprudence. C'est le cas aussi en matière de placement en détention disciplinaire provisoire, même si les dernières réformes en tracent le contour.

§ 5. La détention disciplinaire provisoire

Admission du placement provisoire. Une stratégie de prévention des comportements rebelles au sein de la prison justifie le droit d'user d'un placement en cellule de discipline à titre préventif. Il convient de montrer aux détenus que certaines infractions sont infailliblement et immédiatement réprimées. La promptitude de la réaction souligne avec vigueur les limites de la tolérance des autorités.

Caractère exceptionnel du placement provisoire. Le caractère coercitif d'une détention disciplinaire préventive n'est pas à démontrer. Il pose question pour l'individu placé dans une cellule de discipline préventivement, puis déclaré innocent quelques jours plus tard. Les conditions posées par les articles R. 234-19 et suivants du Code pénitentiaire en font une mesure exceptionnelle. Ce caractère exceptionnel est d'ailleurs renforcé par la faculté d'user également à titre préventif du placement en cellule individuelle ordinaire, selon des critères identiques[143].

Conditions du recours au placement provisoire. En premier lieu, la mise en œuvre du confinement en cellule individuelle ou la mise en cellule disciplinaire ressort de la compétence du chef d'établissement ou d'un fonctionnaire en mesure de justifier d'une délégation nominative écrite

---

143 Depuis le décret n° 2010-1634 du 23 décembre 2010.

(adjoint du chef d'établissement, fonctionnaire appartenant à un corps de catégorie A, membre du corps de commandement du personnel de surveillance, major pénitentiaire ou premier surveillant)[144]. En second lieu, les infractions disciplinaires les plus graves, du 1er et du 2e degré, légitiment le recours à la prévention disciplinaire. Si les conditions de gravité de l'infraction disciplinaire sont présentes, il convient de respecter une ultime condition cumulative. La mesure doit être « l'unique moyen de mettre fin à l'infraction ou de préserver l'ordre interne de l'établissement » (art. R. 234-19 C. pénit.). La consécration réglementaire de son caractère exceptionnel induit de motiver par écrit les raisons du placement préventif en cellule. Les conditions de placement en détention disciplinaire provisoire sont donc strictes. Pour autant, et de façon critiquable, il a pu être jugé un temps que le non-respect de ces conditions était sans effet sur la validité de la procédure subséquente[145].

Mineurs de moins de seize ans. Il reste toutefois impossible de recourir à un placement en cellule disciplinaire à titre provisoire dans deux cas de figure. Il est d'abord interdit contre les mineurs de moins de seize ans. Ceci est la simple conséquence, logique, de la prohibition de l'utilisation de la cellule disciplinaire pour cette catégorie de jeunes détenus (art. R. 124-20 CJPM). Il est ensuite interdit lorsque les faits reprochés au détenu correspondent à une faute du troisième degré, c'est-à-dire aux fautes les moins graves.

Mineurs de 16 à 18 ans. Pour les détenus mineurs de seize à dix-huit ans, le recours au placement préventif en cellule disciplinaire est plus limitatif encore. Seules certaines infractions du premier peuvent le justifier (art. R. 124-20 1° à 10° CJPM).

---

144 Art. R. 234-1 C. pénit. et Cir. 9 juin 2011, préc., n° 2.2.

145 TA Poitiers, 5 févr. 1998, req. n° 961931.

Notification et motivation. La réunion de ces conditions est indispensable à la validation de la détention disciplinaire provisoire. Aucune autre exigence n'est imposée par les textes. Théoriquement, dès lors, cette mesure pourrait ne pas être notifiée à l'intéressé ou ne pas recevoir de motivation. Bien que de telles carences puissent paraître contradictoires avec le contrôle aujourd'hui exercé par le juge sur le recours à la détention disciplinaire provisoire, certaines juridictions n'exigent effectivement pas de motivation du placement préventif en cellule disciplinaire[146].

Durée. Lorsque son recours est envisageable, la réglementation préconise de limiter dans le temps le placement et l'autorise pendant deux jours ouvrables, sans que l'absence de précision de cette durée maximale dans la décision de placement n'emporte nullité de la procédure[147]. Ce délai commence à courir le lendemain du jour du placement en prévention. Il expire le deuxième jour suivant, à vingt-quatre heures. En outre, quand le délai prévu expire le samedi, le dimanche, les jours fériés et chômés, il est prorogé jusqu'au premier jour ouvrable suivant (art. R. 234-20 C. pénit.). Dès lors, ce délai de deux jours ne correspond pas véritablement à un délai de quarante-huit heures maximum. Ainsi, un détenu placé à titre préventif un 12 février à 9h30 peut n'être valablement sanctionné que le 14 février suivant à 16h30 car le délai légal expire en fait le 14 février à minuit[148]. Dans les faits, un placement préventif en cellule peut durer donc jusqu'à quatre jours si le placement est effectué un jeudi, voire même six jours, si le lundi est un jour férié.

Comme indiqué précédemment, le délai court « à compter du lendemain du jour du placement en prévention ». S'il paraît souhaitable de voir la sanction aboutir peu de temps

---

146 CAA Bordeaux 21 juin 2016, *AJ Pénal* 2016, p. 447, obs. C. Otero.

147 CAA Nancy 23 juill. 2020, n° 18NC02112.

148 TA Clermont-Ferrand, 18 nov. 2004, *D.* 2005, p. 998, obs. J.P. Céré.

après la commission de l'infraction, il convient aussi de considérer le caractère obligatoire de l'instruction. Les délais d'investigation propres à certaines affaires disciplinaires risquent donc de conduire, en pratique, au maintien du détenu dans une cellule de discipline ou de le confiner en cellule individuelle ordinaire jusqu'au maximum légal de deux jours théoriques.

Mesure faisant grief. Le placement en cellule disciplinaire est finalement une sorte de pré-sanction, ce que sous-entend l'article R. 234-21 en disposant « que la durée du placement s'impute sur celle de la sanction à subir » (soit sur le temps d'une punition de cellule, soit sur celui d'un confinement en cellule ordinaire). Dès lors, il n'est pas étonnant de considérer la décision de placement en cellule disciplinaire provisoire comme une mesure faisant grief. La jurisprudence s'est rangée à cette solution, à l'issue d'une évolution contrastée.

Évolution de la jurisprudence. Les juges du fond considéraient le placement provisoire en cellule disciplinaire tantôt comme non susceptible de recours[149] tantôt, à l'inverse, comme une mesure faisant grief[150]. Le Conseil d'État, de son côté, a tout d'abord précisé qu'il s'agissait d'une mesure non susceptible de recours en raison de son caractère « provisoire et conservatoire ». Fort opportunément, le Conseil d'État n'invoquait pas l'absence d'influence de la mise en prévention disciplinaire sur la situation juridique du détenu pour justifier l'absence de recours [151]. Il est incontestable qu'elle entraîne les mêmes effets que la sanction de cellule disciplinaire (art. R. 234-22 et s. C. pénit.). Ce faisant, la porte d'un contrôle de cette mesure n'était pas complètement fermée.

---

149 TA Melun 15 oct. 1997, req. 97-500 et 9707523.

150 CAA 29 juin 2001, req. n° 97PA03554 et 9707523.

151 Cons. d'Et. 12 mars 2003, *D.* 2003, p. 1585, note E. Péchillon ; *RFD adm.* 2003, p. 1012, note J.P. Céré.

Dans une décision du 17 décembre 2008, justement, le Conseil d'État parachève cette évolution en consacrant ce droit à un recours pour un placement préventif en cellule disciplinaire[152]. Ce faisant, le contrôle peut aboutir à une annulation du placement préventif en cellule disciplinaire et conduire à une réparation du préjudice subi[153]. Il y a tout lieu de croire que le contrôle juridictionnel s'étendra au placement en cellule individuelle ordinaire qui peut dorénavant être utilisé à titre de mesure préventive.

Aménagement des droits des détenus. Quoi qu'il en soit, le placement en cellule à titre provisoire ne s'accorde pas avec une procédure contradictoire[154]. Il entre dans la définition de l'urgence, au sens de l'article 24 al. 2 de la loi du 12 avril 2000 et le placement en cellule disciplinaire (ou le confinement en cellule individuelle à titre préventif) doit être considéré indépendamment de la sanction prononcée ultérieurement. En effet, un « placement provisoire de l'intéressé en cellule disciplinaire n'en constitue pas la base légale, l'illégalité de la mesure de placement préventif en cellule ne peut être invoquée au soutien du recours dirigé contre la sanction réprimant la faute »[155]. Cette absence peut se justifier à l'aune des conditions motivant le recours à la détention disciplinaire provisoire, à savoir « l'unique moyen de mettre fin à la faute ou de faire préserver l'ordre à l'intérieur de l'établissement »[156]. Dès lors, à ce stade, la personne détenue ne pourra se prévaloir de l'assistance d'un avocat. En cas d'« urgence absolue », à savoir pour des motifs de sécurité des personnes ou de l'établissement, la décision de placement préventif pourra ne pas être motivée (Circ. du 9 juin

---

152 Cons. d'Et. 17 déc. 2008, *AJ Pénal 2009*, p. 87, obs. J.P. Céré ; *Procédures*, févr. 2009, comm. 65, obs. S. Deygas.

153 Cons. d'Et. 14 mars 2011, *D.* 2011. 1307, obs. E. Péchillon.

154 CAA Paris 15 mars 2018, n° 16PA03365.

155 CAA Nantes 4 févr. 2022, req. n° 21NT0181

156 Art. R. 234-19 C. pénit.

2011 [préc.], n° 2.3.1.3). Il va de soi alors dans une telle configuration que le chef d'établissement (ou son représentant) devra motiver les raisons présidant l'urgence car, de la jurisprudence, découle bien une obligation de motivation[157]. Celle-ci est considérée comme remplie lorsque « la décision comporte les considérations de droit et de fait qui en constituent le fondement »[158]. Mais, bien évidemment, le recours au placement en cellule à titre préventif ne dispense pas, pour la suite de la procédure, de respecter le principe du contradictoire. D'ailleurs, dès la mise en prévention au quartier disciplinaire, la personne détenue doit recevoir une information sur son droit à se faire assister ou représenter par un avocat.

Référé-suspension. En dépit de la brièveté de la durée du placement à l'isolement à titre provisoire cantonné à deux jours maximum, il est possible pour le détenu de le contester devant le juge administratif en référé. L'urgence à suspendre une telle mesure de placement ou sa prolongation peut motiver en effet un recours en référé-suspension (art. L. 521-1 CJA), « sauf à ce que l'administration pénitentiaire fasse valoir des circonstances particulières. À supposer que le référé soit formé et traité en temps utile, le juge administratif des référés pourrait donc ordonner la suspension de la mesure en se bornant à créer, en l'état de l'instruction, un doute sérieux quant à la légalité de la décision »[159]. La situation est autre pour le référé-liberté. Le placement en cellule à titre préventif ne peut, en l'absence de circonstances particulières, être regardé par lui-même comme constitutif d'une situation

---

157 CAA Paris 15 mars 2018, req. n° 16PA03365

158 CAA Nancy 23 juill. 2020, req. n° 18NC02112

159 Cons. d'Et. 7 juin 2019, n° 426772, *AJDA* 2019.1190 ; *ibid.* 2137, concl. A. Iljic ; *AJ pénal* 2019. 459, obs. J. Falxa

d'urgence[160]. Et, dans l'hypothèse d'une prise de décision de placement en cellule disciplinaire illégale, la responsabilité de l'administration pénitentiaire pourra être engagée et ouvrir un droit à réparation[161].

À l'instar de la procédure pénale, l'instruction disciplinaire et les mesures coercitives induites sont malgré tout empreintes d'un certain formalisme consolidant les garanties procédurales offertes au détenu.

§ 6. Les garanties procédurales

Droits de la défense. Il va de soi qu'aujourd'hui la mise en œuvre du processus disciplinaire doit préserver les droits de la défense. La notification des faits au détenu participe au respect de cette exigence. L'état d'agitation du détenu ne peut même pas justifier une notification de la procédure postérieure au prononcé de la sanction disciplinaire[162]. Au début de l'action disciplinaire cependant, le détenu est souvent informé par oral qu'un rapport est dressé à son sujet, sans encore en connaître la teneur[163]. Le droit français répond parfaitement au schéma d'une procédure disciplinaire mixte, à la fois orale et écrite. La notification des charges s'effectue après que le directeur, ou son délégataire, a décidé d'engager des poursuites. Le compte rendu et le rapport d'incident ne lui seront transmis que dans cette hypothèse. Le rapport, qui est une condition de lancement des poursuites, n'est pas forcément rédigé dans la foulée de l'incident.

---

160 Cons. d'Et. 22 avr. 2010, req. n° 338662, *Rev. Pénit.* 2010, p. 931, obs. E. Péchillon ; *AJDA* 2010, p. 929 ; *AJ pénal* 2010, obs. E. Péchillon ; *D.* 2011. 1308, obs. E. Péchillon.

161 Par ex. pour une mesure prononcée au regard d'une faute qui n'était pas susceptible d'y donner lieu, Cons. d'Et. 14 mars 2011, req. n° 308167, *D.* 2011, p. 1307, obs. E. Péchillon ; *Rev. Pénit* 2011, p. 413, obs. J.P. Céré

162 TA Montpellier, 30 mai 1996, req. n° 953481.

163 Il ne s'agit, à ce stade, que de fournir un compte rendu (art. R. 234-12 C. pénit.).

L'article R. 234-14 R. 234-12 C. pénit. n'impose pas de délai maximum, sauf à respecter le délai d'engager les poursuites sous six mois[164]. Ainsi, il été jugé qu'un rapport rédigé six jours après la commission de l'infraction était sans incidence sur la légalité de la procédure[165]. Il n'a pas à comporter nécessairement le prénom, nom et qualité de son auteur, ne constituant pas un acte administratif unilatéral[166].

Connaissance des faits reprochés. C'est au moment de la convocation devant la commission de discipline que le détenu prend véritablement connaissance des faits reprochés. La notification doit viser avec précision les dispositions du Code pénitentiaire qualifiant le comportement de faute disciplinaire. Elle doit assurer l'information du détenu sur le déroulement de la procédure, sur sa faculté à bénéficier de l'assistance ou de la représentation d'un conseil, sur la date de sa comparution et sur la mise à disposition de la copie du dossier, sur la possibilité qui lui est offerte de bénéficier de l'aide juridique à l'effet d'être assisté ou représenté par un avocat devant la commission de discipline[167].

Mineurs. Pour les personnes détenues mineures, le chef d'établissement doit, au surplus, informer les titulaires de l'autorité parentale qu'ils peuvent éventuellement désigner un avocat pour défendre le mineur. Les démarches en ce sens du chef d'établissement doivent figurer au dossier de la procédure[168].

---

164 Contrairement au compte rendu d'incident qui doit être établi « dans les plus brefs délais » (art. R. 234-12 C. pénit.).

165 TA Nantes, 6 juill. 2000, *D.* 2002, chron. p. 16, obs. J.P. Céré.

166 TA Limoges 13 avr. 2006, *D.* p. 1232, obs. E. Péchillon.

167 Tel n'est pas le cas quand le détenu se voit notifier une procédure disciplinaire mais doit restituer immédiatement les documents, CAA Lyon 29 janv. 2015, req. n° 13LY03112, *D.* 2015, p. 1122, obs. M. H. Evans.

168 Circ. NOR JUSE 03 400 55C du 9 mai 2003, n° 3.2.2.

Temporalité des faits. L'absence de date et d'heure des faits reprochés sur la notification transmise au requérant n'est toutefois pas de nature à entacher la procédure disciplinaire de nullité dès lors qu'il a été à même d'en prendre connaissance en consultant son dossier disciplinaire[169]. De même, une erreur sur la date des faits reprochés n'est pas de nature à entraîner la nullité de la sanction prononcée. S'il ressort du dossier que les faits ne sont pas susceptibles de doute quant à la date de leur réalisation, l'erreur sur la date doit être considérée comme une « simple erreur matérielle[170]. Évidemment, le détenu ne peut se prévaloir de l'absence de convocation de son passage devant la commission de discipline, s'il a lui-même refusé de la recevoir[171].

Qualification juridique des faits. La qualification juridique des faits est essentielle à la préparation et au respect des droits de la défense. L'article R. 234-15 du code pénitentiaire impose, en cas d'engagement des poursuites disciplinaires, de porter à la connaissance de la personne détenue, « les faits reprochés ainsi que leur qualification juridique ». Le rapport d'enquête est, de toute façon, classé au dossier individuel du détenu, à l'instar du compte rendu d'incident, et figure au nombre des pièces communicables au détenu et à son conseil, puisque l'un ou l'autre peut « consulter l'ensemble des pièces de la procédure disciplinaire », sous réserve que la consultation ne porte pas atteinte à la sécurité publique ou à celle des personnes (art. L. 231-1 et R. 234-15 et R. 234-17 C. pénit.). L'autorité compétente répond à la demande d'accès dans un délai maximal de sept jours ou, en tout état de cause, en temps utile pour permettre à la personne de préparer sa défense. Si l'administration pénitentiaire fait droit à la

169 TA Caen 7 janv. 1997, req. n° 951259.

170 TA Amiens 3 mai 2005, req. n° 0300093.

171 TA Caen 3 oct. 2000, *D.* 2002, chron. p. 116, obs. J.P. Céré.

demande, l'élément est versé au dossier de la procédure (art. R. 234-17 C. pénit.).

Preuves. À ce stade de la procédure, le détenu ne peut toutefois intervenir ni directement, ni indirectement par l'entremise de son conseil, en fournissant des preuves et/ou en sollicitant des témoignages. La notification écrite des faits n'intervient que tardivement, en fin d'instruction. Son avocat ne peut pas non plus exiger le report de l'heure de l'audience. Cette faculté appartient discrétionnairement au président de la commission de discipline [172].

Équité de la procédure. En prévoyant une enquête complémentaire au compte rendu d'incident, la réglementation française fait toutefois disparaître le double rôle de témoin et d'accusateur tenu par le surveillant, avant 1996, au profit d'une procédure plus équitable. La phase d'instruction demeure primordiale pour la suite de l'accusation. Cette équité est, depuis 2010, doublement renforcée par le bannissement de l'auteur du compte rendu d'incident et du rapport d'incident de la commission de discipline. Ils ne pourront siéger ensuite en commission de discipline (art. R. 234-12 et R. 234-13 R. 234-12 C. pénit.).

Délai de comparution. La présence de garanties procédurales se mesure aussi à travers l'institutionnalisation d'un délai de comparution, au minimum de 24 h, accordé au détenu. L'exercice des droits de la défense est facilité par les mentions figurant sur la convocation devant la commission de discipline en vertu de l'article R. 234-15 C. pénit (exposé des faits reprochés ainsi que leur qualification juridique, indication du délai dont il dispose pour préparer sa défense, indication de la faculté de se faire assister par un avocat et de bénéficier de l'aide juridique). Pour les détenus mineurs, ce rapport est obligatoirement enrichi par des éléments concernant la situation personnelle, sociale et familiale de

---

172 TA Melun, 4 juill. 2002, req. n° 01-5333.

l'intéressé. Ce complément d'information est effectué par les services de la protection judiciaire de la jeunesse. Il doit permettre au chef d'établissement d'apprécier l'opportunité ou non de poursuivre la procédure. Ce complément d'information est effectué par les services de la protection judiciaire de la jeunesse et comprend « toute proposition éducative appropriée » (art. R. 124-16 CJPM). Fort heureusement, parfois ce délai est généralement interprété très strictement. Le détenu devra disposer de vingt-quatre heures pleines pour préparer sa défense. S'il bénéficie d'un délai effectif, la violation de l'article R. 234-15 ne peut assurément plus intervenir, y compris en cas de respect strict du délai minimum[173]. Si, en revanche, il comparait 24 heures après les faits mais que des événements ont perturbé la préparation de sa défense, il appartiendra au juge administratif, au cas par cas, de décider d'annuler ou non la procédure[174].

Assistance du détenu. Indépendamment de la durée effective du délai, la question se pose de connaître les modalités d'assistance du détenu, avant sa comparution devant l'instance disciplinaire. L'aide d'un interprète devrait couramment être admise pour les détenus qui ne comprennent pas la langue du pays où ils sont incarcérés. En France, le détenu peut assurer seul sa défense ou se faire assister d'un conseil. Il peut disposer, à sa demande, d'une dispense d'activités ou de formation pour lui permettre de préparer sa défense. Du papier et le nécessaire pour écrire lui sont remis à cet effet.

---

173 Cf. pour une décision rendue sous l'empire du délai antérieur de 3h. Pour une consultation du dossier autorisée à 7H30 pour une réunion de la commission de discipline fixée à 10h30, le même jour. TA Versailles, 24 juin 2004, *D.* 2005, p. 997, obs. J.P. Céré.

174 Annulation de la procédure pour le détenu qui comparait peu de temps après l'expiration du délai minimum prévu, alors qu'il avait subi une fouille durant ce laps de temps, TA Nancy, 23 juin 1998, req. n° 97387.

Communication obligatoire du dossier. L'effectivité du respect des droits de la défense passe aussi par la communication du dossier de la procédure au détenu et/ou à son conseil[175]. La consultation s'effectue sur place ou une copie des pièces de la procédure peut être délivrée. Cette dernière ne donne lieu à la perception d'aucuns frais lorsqu'elle est faite au profit de l'avocat qui agit au titre de l'aide juridique. Selon les accords conclus localement avec les barreaux, le dossier de la procédure peut également être transmis par fax ou plutôt aujourd'hui par courriel[176]. La communication du dossier disciplinaire n'oblige cependant pas l'administration pénitentiaire de permettre à la personne détenue d'en conserver copie. Il lui appartiendra d'en redemander communication lorsqu'elle l'estimera utile, notamment dans le cadre de l'exercice d'un recours[177].

Contenu des informations communiquées. En cas d'engagement des poursuites, les faits reprochés au détenu de même que leur qualification juridique sont portés à la connaissance du détenu, sauf raisons de sécurité publique ou celle des personnes. Le compte rendu d'incident et le rapport d'incident doivent donc figurer au titre des pièces communicables. Le détenu a le droit de connaître le prénom, le nom, la qualité et l'adresse administrative de l'agent en charge d'instruire ou de traiter sa demande, sans pour autant que la méconnaissance de cette obligation d'information ait une incidence sur la légalité de la décision prise au terme de la

---

175 L'absence de cotation des pièces du dossier disciplinaire n'est pas considérée comme un vice substantiel, étant précisé que le juge vérifie que l'absence voire la soustraction d'une pièce n'entame pas l'influence de la décision prise par la commission de discipline, TA Orléans, 14 déc. 2006, req. n° 0502778.

176 Circ. 9 juin 2011, préc., n° 2.6.1.3

177 CAA Lyon 27 mai 2021, req. n° 19LY03360, *D.* 2022, p. 1065, obs. J.P. Céré.

procédure[178]. Mais, sous couvert de la sécurité, l'administration pénitentiaire peut ne pas communiquer de telles informations[179].

Consultation de tout élément utile. Il est à noter que la personne détenue ou son avocat peut, plus généralement, formuler une demande de consultation « de tout élément utile à l'exercice des droits de la défense ». L'élément en question doit être à disposition de l'administration pénitentiaire et concerner les faits visés par la procédure. Cette demande ne pourra prospérer, que sous réserve encore de ne pas porter atteinte à la sécurité publique ou à celle des personnes. L'autorité concernée dispose d'un délai maximal de sept jours pour répondre à la demande d'accès ou, « en tout état de cause, en temps utile pour permettre à la personne de préparer sa défense ». En cas d'acceptation l'élément est versé au dossier de la procédure.

Cas de la vidéoprotection. Les enregistrements de vidéoprotection doivent pouvoir être consultés par l'avocat ou le détenu lui-même[180]. Ils font l'objet d'un régime de communication spécifique dans un délai de quarante-huit heures maximal, « à condition que celles-ci n'aient pas été effacées, dans les conditions fixées par arrêté du ministre de la Justice ». L'administration pénitentiaire accomplit toute diligence raisonnable pour assurer la conservation des données avant leur effacement ». Les données de la vidéoprotection sont retranscrites dans un rapport versé au dossier de la procédure disciplinaire). Sauf à ce qu'elles aient été effacées, l'administration est tenue de répondre sous quarante-huit heures à la demande d'accès qui peut émaner du

178 Cons. d'Et. 1er mars 2021, n° 436013 ; Cons. d'Et. 23 nov. 2022, n° 457621.

179 CAA Nantes 17 déc. 2021, n° 21NT02498.

180 Cons. d'Et. 25 juill. 2016, req. n° 400777, *AJ pénal* 2016, p. 549, obs. M. H. Evans ; CAA Nantes 4 févr. 2022, req. n° 21NT01581.

détenu ou de son avocat, et les données de la vidéoprotection visionnées font l'objet d'une transcription dans un rapport versé au dossier de la procédure disciplinaire (C. pénit., art. R. 234-17, *in fine*). Il convient de préciser toutefois que le refus de communication des données de vidéosurveillance n'a pas d'effet par lui-même et « ne lèse l'intéressé que si celui-ci a fait effectivement l'objet d'une sanction ». En conséquence, il n'est pas détachable de la procédure disciplinaire et l'éventuelle illégalité de la procédure ne peut être contestée qu'à l'appui d'un recours dirigé contre la sanction[181].

Notification de la procédure. Parce que la notification est un élément indispensable à l'exercice des droits de la défense, elle est obligatoire à peine de nullité. Elle ne saurait, dès lors, se limiter à une simple présentation des documents de convocation en demandant au détenu de les restituer immédiatement. Dans ce cas, le détenu n'est pas en mesure de préparer efficacement sa défense, faute de disposer des documents rappelant les faits reprochés, les qualifications juridiques retenues et les droits qui sont les siens dans le cadre du déroulement de la procédure, nonobstant le fait qu'il ait pu consulter par la suite le dossier de la procédure[182]. Pour les détenus mineurs, copie de la convocation doit également être communiquée aux représentants légaux (art. R. 124-18 CJPM).

Convocation devant la commission de discipline. La notification des faits reprochés emporte convocation à l'audience disciplinaire. Le feuillet de notification comporte l'heure de l'accomplissement de cette formalité, il est signé par le détenu. En cas de refus d'apposer la signature, l'agent

---

181 CAA Douai 16 févr. 2023, req. n° 22DA00243, *D.* 2023, p. 1092, obs. E. Péchillon et S. Renard.

182 CAA Lyon, 29 janv. 2015, req. n° 13LY03112, *D.* 2015. 1122, obs. M. H-Evans.

chargé de la notification porte la mention « refus de signer »[183]. Un double de la convocation est remis au détenu. À défaut, À défaut, le détenu est considéré comme n'ayant pas pu préparer utilement sa défense[184].

La procédure entre alors dans sa phase décisoire.

Section 2. La phase décisoire

Depuis toujours confié au chef d'établissement, le pouvoir disciplinaire appartient à la commission de discipline. Mais la présence de cette commission ne diminue en rien l'influence du chef d'établissement. En qualité de président, il conserve des attributions démesurées, qu'un surcroît de formalisme et des tentatives de renforcement de l'équité de la procédure ne parviennent qu'imparfaitement encore à atténuer.

§ 1. Le jugement devant la commission de discipline

La commission de discipline compte en son sein une personne extérieure à l'administration pénitentiaire (A). Cette présence implique de suivre une procédure spécifique d'habilitation (B).

A. La composition de la commission de discipline

La commission de discipline est l'héritière du prétoire de justice disciplinaire, appelé couramment le prétoire (1). Le rôle du chef d'établissement reste prépondérant (2).

---

183 Circ. 9 juin 2011, préc. n° 2.6.4. Il va de soi qu'en cas de refus de signer et de consulter le dossier disciplinaire, le prévenu ne peut ensuite se prévaloir d'une quelconque atteinte aux droits de la défense, TA Versailles, Ord. référé 7 juill. 2004, req. n° 043201.

184 CAA Lyon, 29 janv. 2015, *Ibid.*

1. Les origines de la commission de discipline

Ancêtre de la commission de discipline. Le prétoire fut instauré dans les maisons centrales par une circulaire du 8 juin 1842 afin d'apporter des garanties, jusqu'alors déficientes, dans la distribution de la justice disciplinaire. À l'origine, son fonctionnement formaliste et solennel à l'excès avait pour finalité de protéger le détenu contre toute mesure arbitraire sans pour autant entamer la rigueur de la répression.

L'instruction insufflait une procédure formaliste qui insistait tout particulièrement sur la solennité de l'audience. Le passage devant le prétoire, la configuration du local furent régis minutieusement. Les places que devaient occuper les assesseurs et le directeur étaient précisées. Le bureau recouvert d'un tapis de serge verte devait être assez grand pour que le directeur et ses assistants s'y placent commodément. Une barre à hauteur d'appui séparera le bureau de l'auditoire (art. 3). Le directeur, seul habilité à prononcer les punitions, devait être assisté par des assesseurs, le sous-directeur, l'inspecteur et l'instituteur. Les aumôniers, médecins et pharmaciens de la prison pouvaient, à leur gré, assister aux audiences.

Plusieurs prescriptions essentielles contribuaient à l'accomplissement du but conféré au prétoire. Il ne saurait y avoir, selon l'instruction, de discipline juste et efficace sans promptitude de la répression. Aussi l'ordre était donné de faire comparaître, chaque jour, les condamnés signalés par les rapports de la veille comme méritant punition (art. 10).

Le prétoire, pourtant disparu des textes en 1972, a perduré dans la pratique, jusqu'à sa substitution par une commission de discipline, instituée par le décret du 2 avril 1996. Certes le cérémonial du prétoire s'est atténué au fil du temps. Les agencements voulus par le texte originel sont devenus obsolètes. Le nombre de personnes assistant aux audiences a fortement décru. D'une façon générale, seul le personnel de service assure de sa présence les séances ; les détenus attendent à l'extérieur du prétoire et y comparaissent individuellement.

Le rituel de la justice disciplinaire, emprunté à celui déployé par les tribunaux judiciaires partiellement estompé lui aussi, a toutefois toujours laissé planer une certaine ambiance judiciaire. Le détenu comparaît à la barre du prétoire ; il fait face aux membres du personnel de direction ou de surveillance qui semblent constituer un tribunal ou une cour, en présence d'un ou plusieurs surveillants préposés à la police des audiences. La disparition du prétoire au profit de la commission de discipline laisse subsister un rôle majeur au chef d'établissement.

2. Le rôle prépondérant du chef d'établissement

Compétence territoriale. Les règles régissant l'audience devant la commission de discipline sont aménagées autour du directeur qui demeure l'autorité disciplinaire par excellence. Le détenu est convoqué devant la commission de discipline du lieu où l'infraction disciplinaire a été commise. Toutefois il n'est pas exclu que, dans certaines circonstances - un transfert imposé par exemple pour des raisons de sécurité -, le détenu puisse être jugé pour des faits commis dans un autre établissement[185]. En effet, pour un transfert effectué entre deux établissements pénitentiaires, le chef d'établissement de destination est seul compétent pour prononcer une sanction en cas de faute commise lors du transfert. Dans les autres cas, notamment en cas d'évasion, c'est le chef d'établissement de l'établissement d'origine qui fait procéder à l'élaboration du compte rendu d'incident et de l'enquête, dans l'attente d'une réintégration de l'individu. Les pour-

---

185 TA Bordeaux, 10 oct. 2000, *D.* 2002, chron. p. 116, obs. J.P. Céré.

suites disciplinaires ne pourront toutefois pas être exercées plus de six mois après la découverte des faits[186].

Composition collégiale de la commission de discipline. Jusqu'en 2011, la commission de discipline était présidée par le chef d'établissement et comprenait deux membres du personnel de surveillance, dont un appartenait au grade de surveillant. Aucune disposition n'imposait de désigner par écrit les membres du personnel appelés à siéger[187].

Assesseur pénitentiaire. La commission de discipline comprend toujours deux assesseurs, désignés par le président de la commission de discipline. Le premier est choisi parmi « les membres du corps d'encadrement et d'application du personnel de surveillance » de l'établissement. Il doit posséder le grade de surveillant, de surveillant principal ou de surveillant brigadier. Comme déjà indiqué, le représentant du personnel pénitentiaire ne peut être ni l'auteur du compte rendu d'incident. L'exclusion de l'auteur du compte rendu d'incident et du rapport d'incident constitue une garantie reconnue à la personne détenue[188]. Un tribunal administratif a même considéré que cette garantie essentielle imposait que l'on puisse vérifier l'identification de l'assesseur pénitentiaire par l'indication de son grade au rôle de la commission de discipline[189]. En revanche, l'illisibilité du nom du président de la commission de discipline et l'absence de son prénom ne peuvent être utilement invoquées à l'appui d'un recours devant le juge administratif car ils se rapportent à des vices

---

186 Art. R. 234-14 C. pénit. et circ. 9 juin 2011, préc. n° 1.4.3.

187 Ce qui ne doit pas empêcher le juge de s'assurer de l'identification possible des deux membres du personnel de surveillance qui y siègent, TA Nantes 21 déc. 2006, req. n° 043023 ; TA Nantes 29 déc. 2006, req. n° 041817.

188 Cons. d'Et. 23 nov. 2022, req. n° 457621, *D.* 2023, p. 1091, obs. J.P. Céré ; *AJDA* 2022, p. 2325 ; *D.* actu. 5 déc. 2022, obs. M. Dominati.

189 TA Lille 7 mars 2024, req. n° 2109800, *D.* 2024, p.1099, obs. J. Falxa.

propres qui sont étranges à la régularité de la procédure disciplinaire[190].

Assesseur extérieur. Le second assesseur est choisi sur une liste de « personnes extérieures à l'administration pénitentiaire ». Il sont habilités par le président du tribunal judiciaire parmi des citoyens qui « manifestent un intérêt pour les questions relatives au fonctionnement des établissements pénitentiaires » (art. R. 234-4 C. pénit). Le chef d'établissement dresse un tableau de roulement qui désigne, pour une période déterminée, les assesseurs extérieurs appelés à siéger (art. R. 234-6 C. pénit). Cette composition de la commission de discipline étant de droit, les décisions prises en l'absence du membre extérieur sont de nature à encourir la nullité. La commission de discipline peut aussi comprendre un secrétaire dont la tâche est alors de veiller au bon déroulement de l'audience disciplinaire et à la transcription des débats. Il n'est en aucun cas associé aux débats sur la décision[191]. En l'absence du membre extérieur, à l'évidence, la composition de la commission de discipline ne respecte pas les exigences posées par l'article de l'article L. 231-1 du code pénitentiaire. Cette absence de l'assesseur est donc une cause d'illégalité des décisions prises par la commission de discipline. Pour le juge administratif, elle prive le détenu d'une garantie de procédure, y compris dans la circonstance où l'administration pénitentiaire n'est informée que tardivement de la désignation de l'assesseur et qu'elle indique ne pas avoir été en mesure de procéder à son installation avant la réunion de la commission de discipline[192]. Il en va également de la sorte en cas de convocation d'un assesseur qui ne se déplace pas. L'administration pénitentiaire doit mettre en œuvre tous les

---

190 CAA Bordeaux 27 avr. 2021, req. n° 19BX01316

191 Circ. du 9 juin 2011, préc., n° 2.6.2.1.1).

192 CAA Nantes, 18 juill. 2013, req. n° 12NT03128, *AJDA* 2013. 2162, obs. Degommier, *D.* 2014. 1237, obs. J.P. Céré. *Adde*, CAA Lyon, 27 mars 2014, req. n° 13LY01360, *Rev. pénit.* 2014, p. 391, obs. J.P. Céré.

moyens à sa disposition pour s'assurer de la présence effective de l'assesseur. Cela doit passer notamment par une vérification de la disponibilité effective des personnes figurant sur le tableau de roulement prévu à l'article R. 234-8 C. pénit. « Si aucun assesseur extérieur n'est en mesure de siéger, la tenue de la commission de discipline doit être reportée à une date ultérieure, à moins qu'un tel report compromette manifestement le bon exercice du pouvoir disciplinaire »[193]. Cette garantie doit jouer y compris en cas d'accord du détenu à la tenue de la séance dans une composition réduite en l'absence de l'assesseur extérieur[194]. Il est donc acquis aujourd'hui que la présence de l'assesseur doit être pleinement considérée comme une garantie reconnue au détenu, dont la privation est de nature à vicier la procédure.

Exercice des fonctions. Chaque membre de la commission de discipline est tenu d'exercer ses fonctions avec intégrité, dignité et impartialité et respecter le secret des délibérations (art. R. 234-4 C. pénit).

Secrétariat de la commission. En outre, le président de la commission requiert, selon sa volonté, un secrétaire chargé de retranscrire les débats et de veiller au bon déroulement de l'audience ; ce dernier accomplit alors les formalités relatives à la procédure (convocation du détenu et des assesseurs, transcription du compte rendu d'incident et de l'enquête)[195].

---

193 Cons. d'Et. 5 févr. 2021, req. n° 434659, AJ Pénal 2021, p. 221, obs. J.P. Céré ; D. 2021, p. 1061, obs. J. Falxa ; AJDA 2021, p. 307, obs. J.M. Pastor. V. Contra auparavant, CAA Nancy 7 mars 2019, req. n° 18NC01172 (assesseur convoqué et n'ayant pas fait part de son indisponibilité) ; CAA Nancy 13 févr. 2014, req. n° 13NC01290 (convocation régulière par l'administration pénitentiaire de six assesseurs extérieurs mais aucun ne défère à la convocation).

194 CAA Lyon 17 févr. 2022, req. n° 20LY02931 et 20LY01570, *D.* 2022 p. 1064, obs. J.P. Céré.

195 Circ. 9 juin 2011, préc. n° 2.6.2.1.1.

Délégation de la présidence de la commission. Le chef d'établissement dispose, en vertu de l'article R. 234-1 du Code pénitentiaire de la faculté de déléguer la présidence de la commission de discipline (son adjoint, un fonctionnaire appartenant à un corps de catégorie A ou un membre du corps de commandement du personnel de surveillance placé sous son autorité). Des considérations fort compréhensibles ont toujours conduit à adopter un système de délégation temporaire (absence du directeur), voire de délégation totale (dans les établissements importants, un directeur se voit confier la responsabilité d'un secteur déterminé ; à ce titre il gère les incidents qui s'y déroulent). La procédure de délégation est entourée d'un formalisme incontournable. Le chef d'établissement délègue ses pouvoirs en matière disciplinaire, sous visa de l'article R R. 234-1, par écrit, nominativement, pour un temps donné. La personne qui assure l'intérim du chef d'établissement ne peut se prévaloir de cette seule circonstance pour prétendre valablement présider la commission de discipline [196]. Une copie de l'autorisation d'assurer l'intérim du chef d'établissement ne remplace pas non plus la délégation écrite de présider la commission de discipline [197].

Si toutefois « le chef d'établissement n'a pas fixé la durée de validité de la délégation, celle-ci est réputée valable jusqu'à ce que la personne titulaire de la délégation ne puisse plus l'exercer (mutation) ou qu'elle soit expressément déchargée par une autre décision du chef d'établissement ». La publicité des actes de délégation doit être entreprise auprès de la population pénale, préalablement à la réunion de la commission de discipline. À défaut, la procédure disciplinaire serait entachée d'illégalité[198]. L'information peut ainsi s'effectuer par

196 TA Strasbourg 20 janv. 1998, req. n° 953005.

197 TA Pau 5 oct. 2000, *D.* 2002, chron. p. 116, obs. J.P. Céré.

198 Circ. 9 juin 2011, préc. n° 2.2.

voie d'affichage à l'intérieur de la détention ou, par exemple, par publication au recueil des actes administratifs, qui permet de conférer une date certaine à la décision de délégation[199]. Le respect des règles de délégation est une condition substantielle de la légalité de la procédure que la jurisprudence sanctionne. Néanmoins, l'absence de délégation expresse ne se traduit par une annulation de la procédure que sous certaines conditions. L'illégalité de la décision prise n'est retenue que s'il ressort des pièces du dossier que le vice affectant le déroulement de la procédure « est susceptible d'exercer une influence sur le sens de la décision prise ou s'il a privé les intéressés d'une garantie »[200]. Dès lors, la seule circonstance que le président de la commission de discipline ne bénéficiait pas d'une délégation de signature ne prive pas « la personne détenue d'une garantie substantielle et ne rend pas irrégulière la procédure suivie »[201]. Une solution identique prévaut en plein contentieux et pour l'ouverture d'un droit à réparation[202].

Ce rôle prépondérant du président de la commission pose naturellement la question de la place des droits de la défense durant l'audience disciplinaire.

B. La procédure d'habilitation

Principe de l'habilitation. La présence d'un assesseur extérieur à l'administration pénitentiaire au sein de la commission de discipline impose le respect préalable d'une procédure d'habilitation de ce dernier par le président du

---

199 CAA Nantes 4 févr. 2022, req. n° 21NT01581

200 Cons. d'État, 23 déc. 2011, req. n° 335033, rec. 649 ; *GAJA* n° 112.

201 CAA Paris 6 oct. 2022, req. n° 22PA02180, *D.* 2023, p. 1093, obs. E. Péchillon et S. Renard.

202 CAA Lyon 23 févr. 2023, req. n° 21LY00027, *D.* 2023, p.1093, obs. E. Péchillon et S. Renard.

tribunal judiciaire territorialement compétent (art. R. 234-6 C. pénit.)[203].

Conditions de l'habilitation. Plusieurs conditions sont requises pour l'inscription sur la liste des assesseurs extérieurs à l'administration pénitentiaire. Les intéressés sont choisis parmi les personnes qui « manifestent un intérêt pour les questions relatives au fonctionnement des établissements pénitentiaires » (art. R. 234-6)[204]. Ne peuvent être inscrit sur cette liste, 1° les personnes mineures ; 2° les personnes en situation irrégulière au regard des dispositions relatives à l'entrée et au séjour sur le territoire national ; 3° les personnes ayant fait l'objet depuis moins de cinq ans d'une condamnation mentionnée au bulletin n° 2 du casier judiciaire ; 4° les personnels de l'administration pénitentiaire, de la protection judiciaire de la jeunesse et les collaborateurs occasionnels du service public pénitentiaire ; 5° les conjoints, concubin, parents ou alliés jusqu'au degré d'oncle ou de neveu inclusivement d'un personnel de l'administration pénitentiaire toute autre personne liée par un pacte civil de solidarité avec un personnel pénitentiaire ; 6° les magistrats de l'ordre administratif ou judiciaire l'exercice ; 7° les fonctionnaires des services judiciaires un exercice ; 8° les avocats et les avocats au Conseil d'État et à la Cour de cassation en exercice ; 9° les fonctionnaires des services de police et de gendarmerie en exercice (art. R. 234-7 C. pénit.). Ne peuvent en outre être désigné pour siéger à la commission de discipline, 1° les personnes détenues ; 2° les conjoints, concubin, parents d'une personne détenue dans l'établissement ou

---

203 Sur l'ensemble de la question de l'assesseur, V. M. Giacopelli et J.P. Céré (dir.), Le rôle de l'assesseur citoyen devant la commission de discipline en prison, l'Harmattan, 2024.

204 Dès lors qu'il est habilité, le refus de faire siéger un assesseur en commission de discipline est discriminatoire si le chef d'établissement ne justifie pas des raisons qui l'ont conduit à cesser de faire appel à ses services, TA Nancy 12 mai 2015, *AJ Pénal* 2015, p. 615, obs. M. H. Evans.

toute autre personne liée par un pacte civil de solidarité avec une personne détenue ; 3° les personnes titulaires d'un permis de visite afin de rencontrer une personne détenue dans l'établissement (art. R. 234-5 C. pénit.).

Le chef d'établissement compose avec la liste des personnes habilitées qui est tenue au greffe du tribunal de grande instance et dresse un tableau de roulement qui désigne pour une période déterminée les assesseurs extérieurs appelés à siéger (art. R. 234-8 C. pénit.).

§ 2. Les droits de la défense

Les droits de la défense des détenus sont protégés par le Code pénitentiaire. La jurisprudence vient régulièrement et de surcroît apporter en ce domaine des précisions intéressantes (A). Néanmoins, il peut arriver, compte tenu du contexte particulier de la prison, que des aménagements soient envisageables (B).

A. L'exercice normal des droits de la défense

Une fois les formalités de notification des charges qui pèsent sur le détenu effectuées, sa signature apposée sur le feuillet de notification ou son refus de signer constaté, le délai de comparution respecté, la commission de discipline peut se réunir pour juger l'affaire.

Réalité des charges. Il revient à la commission de constater la réalité des charges relevées contre le détenu et, le cas échéant, de décider d'une sanction. Après avoir pris connaissance du compte rendu et du rapport d'incident, elle auditionne les témoins éventuels et entend les explications du détenu. Il est sous-entendu qu'il doit comparaître devant la commission de discipline mais en réalité il reste libre ou non de comparaître.

Détenu absent ou non représenté. Dans le cas où le détenu ne se présente pas et n'a pas choisi de se faire assister ou représenter, le président de la commission de discipline est alors fondé à constater le refus d'obtempérer du détenu et en fait mention spéciale sur les feuillets disciplinaires. La décision prise par la commission de discipline est ensuite notifiée au détenu en respectant les règles communes (Circ. du 9 juin 2011 [préc.], n° 2.6.3.5). Le seul refus d'obtempérer peut conduire au prononcé d'une sanction. Il est en effet concevable de recourir à l'article R. 232-5 1° du code pénitentiaire qui réprime le fait de refuser d'exécuter les injonctions des membres du personnel pénitentiaire et qui recouvre tous les refus d'obéissance. De surcroît, le code pénitentiaire rend la présence du détenu obligatoire. L'article R. 234-18 indique que le détenu « est convoqué » devant la commission de discipline et l'article R. 234-26 précise qu'il « présente ses observations ».

Détenu présent. Sa personne détenue est présente, le président de la commission lui rappelle les faits tels qu'ils ont déjà été mentionnés sur l'imprimé de notification. Le détenu expose ensuite sa version de l'incident par écrit s'il le désire, ce qui ne dispense pas d'entendre ses explications orales et, s'il est assisté, le président de la commission de discipline lui donne d'abord la parole afin de recueillir ses explications, avant d'entendre son conseil. Si l'avocat désire poser des questions à un témoin, il les adresse au président de la commission de discipline. Dans la mesure où le détenu complète ses explications orales par des explications écrites, celles-ci sont annexées aux pièces du dossier disciplinaire, de même que les écritures ou les pièces qui auraient été déposées par son avocat[205]. Pour les détenus mineurs, un membre du service de la protection judiciaire de la jeunesse peut présenter oralement ses observations sur la situation personnelle, sociale et familiale du mineur. Il est alors autorisé à assister à la commission de discipline (art. R. 124-19 CJPM).

---

205 Circ. du 9 juin 2011, préc. n° 2.6.3.1.

Assistance ou représentation par un avocat. Depuis le 1er novembre 2000, l'assistance du détenu par un avocat est rendue possible[206]. Elle est d'ailleurs maintenant gravée dans la loi (art. L. 231-1 C. pénit.)[207]. Le détenu est ainsi « mis à même de présenter des observations écrites et, le cas échéant, sur sa demande des observations orales et permet à la personne concernée de se faire assister par un conseil… »[208]. Dès lors, il est concevable qu'un détenu fournisse, par exemple, des explications par écrit à la commission de discipline et se fasse représenter durant l'audience de jugement, même si cette solution peut s'avérer préjudiciable dans le sens où celui-ci se prive de l'occasion de s'expliquer contradictoirement sur les faits.

Le détenu dispose du libre choix de l'avocat, que celui-ci ait ou non assisté précédemment l'intéressé ou d'un avocat commis d'office. Si un avocat commis d'office représente le détenu, dans la mesure où l'administration ne convoque pas l'avocat qu'il avait prioritairement désigné, la procédure disciplinaire est entachée d'irrégularité pour méconnaissance des droits de la défense[209]. La prise en charge des frais d'avocat au titre de l'aide juridictionnelle est prévue. La rétribution est fixée à 88 €. Celle-ci est due pour chacune des procédures jugées, en cas de pluralité de procédures concernant un même détenu[210]. L'avocat doit être rémunéré en fonction du nombre de procédures pour lesquelles il prête son assistance. Le président de la commission de discipline

---

206 V. M. Herzog-Evans et E. Péchillon, L'entrée des avocats en prison et autres conséquences induites par la loi n° 2000-321 du 12 avril 2000, *D.* chron. p. 481.

207 Il pouvait également être assisté par un mandataire en vertu de la loi du 2 avril 2000. Cette faculté qui n'était pas usitée est exclue désormais par l'article R. 313-1 C. pénit.

208 Article 24 de la loi du 12 avril 2000, préc.

209 *AJDA* 2020, p.1500, concl. O. Guillaumont ; CAA Nancy 11 juin 2020, req. n° 18NC00822.

210 Rép. Min. n° 78432, JOAN Q 14 sept. 2010.

est donc tenu de signer des attestations distinctes pour les différentes procédures dans lesquelles l'avocat est intervenu au cours d'une même journée[211].

Il va de soi que le droit de se faire assister ou représenter par un avocat suppose que l'administration pénitentiaire informe l'avocat choisi par le détenu de la date et de l'heure de l'audience. Cette obligation n'est pas remplie lorsque l'administration pénitentiaire se contente d'adresser un courrier type au barreau[212] mais dès lors qu'elle fait diligence en temps utile et que l'absence de l'avocat ne lui est pas imputable, la procédure n'est pas irrégulière[213], y compris quand les services de l'administration recherchent les coordonnées de l'avocat sur un site internet non officiel et que le numéro de télécopie indiqué s'avère erroné[214].

Renvoi du jugement. La jurisprudence fait toutefois primer ce droit élémentaire de la défense sur le pouvoir de renvoi de l'audience disciplinaire offert au président de la commission de discipline. Ainsi a-t-il été jugé que ce dernier ne pouvait refuser une demande de renvoi de l'audience disciplinaire sollicitée par le détenu, lorsqu'elle était motivée par l'absence de l'avocat[215]. De même, dès lors que le détenu manifeste son intention de se faire assister par un avocat commis d'office, ses droits de la défense sont méconnus si la commission de discipline le juge alors que le bâtonnier avait indiqué qu'aucun avocat ne serait disponible[216]. Évidem-

---

211 CAA Marseille, 4 déc. 2012, req. n° 10MA04156, *Rev. pénit.* 2012, p. 941, obs. E. Péchillon.

212 TA Versailles 8 avr. 2004, *AJ Pénal*, 204, p. 250, obs. P. Remillieux.

213 CAA Lyon 27 mai 2021, req. n° 19LY03360, *D.* 2022, p. 1065, obs. J.P. Céré ; Cons. d'Et. 23 févr. 2011, *JCP G*, 2011. 702, note S. Biagini-Girard.

214 TA Lyon 1er déc. 2015, *AJ Pénal* 2016, p. 227, obs. M. H. Evans.

215 CAA Marseille 12 févr. 2024, req. n° 22MA01318, *D.* 2024, p. 1098, obs. J.P. Céré ; TA Toulouse 30 nov. 2004, *AJ Pénal*, 2005, p. 78, obs. J.P. Céré ; TA Pau 17 juin 2003, *D.* 2004, p. 1097, obs. M. Herzog-Evans.

216 CAA Lyon 11 avr. 2019, req. n° 18LY04039.

ment, le détenu qui bénéficie de l'assistance d'un avocat doit s'entretenir avec lui dans des conditions strictes de confidentialité, à n'importe quel moment de la procédure[217].

Interprète. Les individus ayant des difficultés à comprendre ou à s'exprimer en français bénéficient, pour leur part, dans la mesure du possible, de l'aide d'un interprète désigné par le chef d'établissement (art. R. 234-26 *in fine* C. pénit.). Sa présence n'est requise par le code pénitentiaire que le temps de l'audience mais elle doit à l'évidence s'imposer également lors de la phase préparatoire. En conséquence, le chef d'établissement est tenu d'effectuer toutes démarches en ce sens. Il doit ainsi contacter la permanence de jour du parquet pour contacter un interprète intervenant devant les juridictions. À défaut d'obtenir un interprète officiel, il pourra faire appel à un membre du personnel de surveillance et, même, en dernier ressort à un détenu. À l'évidence, ces derniers ne devront pas avoir été témoins de l'affaire soumise à la commission de discipline. Le chef d'établissement doit consigner les démarches effectuées en vue d'obtenir l'assistance d'un interprète officiel[218]. Il a été jugé à bon droit que le détenu étranger qui dispose d'un bon niveau de compréhension du français ne peut demander l'annulation de la procédure en se prévalant de l'absence d'interprète[219].

Citation de témoins. Le code pénitentiaire n'aborde pas la question de la citation des témoins. Auparavant le président de la commission de discipline disposait d'un pouvoir d'appréciation discrétionnaire en la matière, lui permettant

---

217 CAA Nancy 10 nov. 2010, req. n° 09NC0198 (annulation de la sanction disciplinaire car le détenu qui voulait la contester devant le directeur interrégional des services pénitentiaires n'avait pu s'entretenir avec son avocat que dans un local qui n'était pas un parloir).

218 Circ. 9 juin 2011, préc. n° 2.6.3.1.

219 V. pour un détenu résidant en France depuis sept ans et qui avait étudié le français pendant trois ans, TA Melun 15 mars 2001, *D.* 2002, chron. p. 117, obs. J.P. Céré.

de son propre chef « de faire entendre par la commission, en qualité de témoin, toute personne dont l'audition lui paraît utile » (ancien art. D 250-4 al. 2 C. pr. pén.). Il n'avait pas à motiver son refus[220], mais la demande du détenu devait être consignée sur l'imprimé de procédure disciplinaire. Ce silence est évocateur des réticences qui pèsent encore lourdement sur un encadrement minimal d'un tel droit de la défense. Cette gêne du pouvoir réglementaire - et alors même que des présidents de commission de discipline acceptent régulièrement que des témoins puissent déposer en cours d'audience - ne devrait pas fondamentalement modifier les pratiques. Le président de la commission de discipline doit rester toujours libre d'accepter d'entendre un témoin[221]. Il demeure cependant une situation qui mériterait des éclaircissements réglementaires car l'audition d'un témoin s'impose, dans certaines circonstances, notamment lorsque l'instruction n'apporte pas d'éclairage suffisant sur les circonstances de l'infraction. C'est le sens d'un jugement du tribunal administratif de Bordeaux qui, tout en constatant que le président est libre de déférer à la demande d'audition d'un témoin, précise « qu'il ne ressortait pas des pièces du dossier » qu'il en avait besoin, en l'espèce, pour statuer valablement[222]. L'absence d'audition des témoins directs d'un incident disciplinaire, en cas de contestation des faits par le détenu, peut en effet emporter l'annulation de la sanction[223].

Identité des témoins. En tout état de cause, lorsque la procédure fait état de la présence de témoins, la question de la préservation de leur identité se pose nécessairement en prison. Les risques de pressions, de représailles y sont

220 CAA Nantes 30 sept. 2009, req. n° 09NT02312.

221 Ce que confirme la circulaire du 9 juin 2011 selon laquelle « l'opportunité de faire entendre des témoins est laissée à l'appréciation du président de la commission de discipline », circ. préc. n° 2.6.3.1.

222 TA Bordeaux 18 mai 2000, *D.* 2001, chron. p. 567, obs. M. Herzog-Evans.

223 CAA Douai 15 oct. 2009, req. n° 09DA00600.

évidemment plus marqués. Il paraît logique dès lors que l'anonymat des témoins puisse être préservé lorsque, par exemple, des raisons d'ordre ou de sécurité le commandent. Pour autant, s'il s'agit d'un témoin principal, le chef d'établissement est tenu de porter à la connaissance du détenu poursuivi le contenu de ses déclarations. Sinon, la procédure est entachée d'illégalité[224]. En cas de doute, rien n'interdit au président de la commission de discipline de renvoyer l'affaire à une date ultérieure, le temps de vérifier certains éléments ou de s'assurer de la véracité de faits nouveaux apparus en cours d'audience. Ce renvoi de l'affaire se rapproche, quant à lui, de l'ajournement.

Délibéré. La coïncidence des règles de l'audience avec d'autres principes de procédure pénale est manifeste à d'autres égards. D'une part, la décision finale de sanctionner le détenu relève de la compétence exclusive du président de la commission, ou de la personne par lui déléguée, après consultation des assesseurs (leur voix est délibérative)[225]. En conséquence la présence d'un surveillant ne peut que conduire à l'annulation de la sanction prononcée[226]. La commission procède à une délibération secrète de l'affaire, afin de discuter de la culpabilité du détenu mais aussi de motiver en droit et en fait le choix de la sanction[227]. Celle-ci, à n'en plus douter, constitue une décision administrative indi-

---

224 TA Bordeaux 19 mars 2002, *D.* 2003, chron. p. 922, obs. J.P. Céré.

225 Éventuellement, l'assistant ou des personnels stagiaires dans le cadre de leur formation peuvent assister au délibéré, sans pouvoir s'exprimer, Circ. 9 juin 2011, préc., n° 2.6.3.4.

226 TA Cergy-Pontoise 14 janv. 2021, req. n° 1704117, *AJ Pénal* 2021, p. 601, obs. B. David.

227 Il a été jugé que la circonstance selon laquelle une décision d'une commission de discipline aurait été insuffisamment motivée est sans incidence sur la régularité de la procédure dans la mesure où le directeur interrégional des services pénitentiaires avait statué sur le recours hiérarchique préalable. Dès lors sa décision s'était substituée à celle initialement prise par la commission de discipline, TA Dijon 17 nov. 2009, n° 0802979.

viduelle défavorable[228]. En conséquence, faute « de comporter l'énoncé des considérations de droit et de fait qui constituent le fondement de la décision », la sanction est annulée[229]. En revanche, le détenu est présent au moment du prononcé de la décision, assisté ou non de son avocat (art. R. 234-27 C. pénit.).

Exécution de la sanction prononcée. Il appartient au président de la commission de discipline de fixer la date à laquelle débutera l'exécution de la sanction, à moins que le détenu ne soit placé en prévention disciplinaire. En cas d'impossibilité de la faire exécuter immédiatement (par ex. absence de cellule disciplinaire disponible), le chef d'établissement peut différer le début d'exécution[230].

Droit au procès équitable. Cette parenté avec les principes gouvernant le procès pénal ne permet pas de lever de nombreux doutes sur l'exercice effectif des droits de la défense[231]. Le cumul des fonctions du chef d'établissement n'est pas sans poser des difficultés juridiques. La maîtrise de la totalité de la procédure disciplinaire lui appartient, du déclenchement des poursuites à l'exécution de la sanction. Dans quelques décisions, l'article 6 de la Convention européenne des droits de l'homme a été invoqué par des détenus qui

---

228 CAA Lyon 1 juill. 1999, req. n° 96-22248 ; TA Melun 23 mars 2000, req. n° 99-3657.

229 CAA Nancy 15 juin 2000, D. 2002, chron. p. 117, obs. J.P. Céré

230 Circ. 9 juin 2011, préc., n° 2.6.3.5.

231 V. Bianchi, La défense en matière disciplinaire *in* Les sanctions disciplinaires en prison, Dossier *AJ Pénal*, 2005, not. p. 408 ; J.M. Varaut, Un avocat devant la prison, *Rev. pénit.* 2000, p. 181 ; R. Douarre, La défense des détenus devant la commission de discipline, *in* Des hommes et des barreaux : la prison en quête de sens, Conseil national des barreaux, 2004, p. 81 ; R. Gassin, Remarques sur la sanction du droit pénitentiaire, *in* La sanction du droit, Mélanges P. Couvrat, PUF, 2001, spéc. p. 459 ; J.B. Prouvez, L'avocat au prétoire : une réforme incidente et toujours inachevée du régime disciplinaire des détenus, *Procédures*, mars 2001, p. 3 ; M. Herzog-Evans, Les droits de la défense et la prison, actualité du droit pénitentiaire français, *RTDH* 2001, p. 17 et s.

contestaient à titre principal l'absence d'impartialité de la commission de discipline. Mais pour invoquer l'article 6 de la Convention, encore faut-il qu'il puisse s'appliquer à ce type de contentieux. Or, pour le juge administratif, la commission de discipline ne peut pas être regardée comme un tribunal décidant du bien-fondé d'accusations en matière pénale au sens de cet article[232].

Conventionnalité de la sanction. La position du juge administratif n'est pourtant guère tenable. Au regard de la jurisprudence de la Cour européenne des droits de l'homme, une sanction peut très bien entrer dans le champ d'attractivité de l'article 6 de la convention européenne de sauvegarde des droits de l'homme lorsqu'elle est prononcée par un organe administratif doté de pouvoirs disciplinaires. Le critère le plus souvent déterminant l'applicabilité de l'article 6 réside dans la gravité de la sanction prononcée[233]. Compte tenu en effet des répercussions en chaîne d'une sanction disciplinaire - principalement sur le terrain des réductions de peine - il ne convient pas d'exclure l'applicabilité de l'article 6 de la convention[234]. Au regard de sa propre jurisprudence, le juge administratif considère que le retrait des réductions du crédit de réduction de peine relève bien de la

---

232 V. par ex. CAA Paris 21 févr. 2002, *D.* 2003, chron. p. 923, obs. J.P. Céré ; CAA Nantes 3 mars 2005, req. n° 03NT01626 ; TA Nantes 21 déc. 2006, req. n° 043023 ; CAA Douai 7 déc. 2017, req. n° 16DA00839, *AJDA* 2018, p. 606.

233 En ce sens, B. Chemin, concl. sous CAA Bordeaux 2 mai 2002, *Petites affiches*, 9 déc. 2002, n° 245, p. 15.

234 V. not. J.P. Céré, Le procès disciplinaire sous le prisme de la convention européenne des droits de l'homme, *D.* 2017, p. 1720 ; J.P. Céré, L'article 6 de la Convention européenne des droits de l'homme et le procès disciplinaire en prison, *JCP* 2001, I, 316 ; J. Falxa, Clairs-obscurs d'une œuvre jurisprudentielle pointilliste. De l'applicabilité des articles 6 et 7 de la Convention européenne des droits de l'homme au droit de l'exécution des peines », *AJ Pénal* 2016, p. 126.

matière pénale et se trouve donc bien soumis aussi bien à l'article 6[235] qu'à l'article 7 de la Convention[236].

Notification de la décision. La décision est, en outre, notifiée, dans les délais les plus brefs au détenu qui reçoit information, s'il entend contester la sanction, du caractère obligatoire du recours préalable devant le directeur interrégional des services pénitentiaires, dans les quinze jours suivant la notification. La décision doit mentionner le nom de l'avocat qui a assisté ou représenté le détenu et juste après le prononcé de la décision, ce dernier doit être mis en mesure de s'entretenir avec son défenseur, en toute confidentialité, en vue éventuellement d'exercer un recours[237].

Transmission de la décision. Dans le délai de cinq jours, selon les cas, la décision prononçant une sanction disciplinaire est transmise au juge de l'application des peines ou le cas échéant, au magistrat saisi du dossier de la procédure sous le contrôle duquel la personne détenue est placée (art. R. 234-29 C. pénit.). À l'évidence, la transmission de cette information n'est pas neutre. Le Juge de l'application des peines octroie les réductions de peine en « fonction de la bonne conduite du détenu » (art. 721 C. pr. pén.). Or celle-ci ne peut s'apprécier essentiellement qu'au travers du respect des règles de détention et de la commission ou non d'infractions à la discipline. Le directeur interrégional des services pénitentiaires est également avisé. Pour les détenus mineurs, une copie de la décision est en outre transmise au directeur interrégional de la protection judiciaire de la jeu-

---

235 Cons. d'Et. 24 oct. 2014, req. n° 368580, *D.* 2014. 2176 ; *AJDA* 2015. 1374, note J. Falxa, et 2014. 2092 ; *AJ pénal* 2015. 39, note J.-P. Céré. *Contra, Cass. Crim.* 15 avr. 2015, n° 14-80417, *Rev. Pénit.*, p. 375, obs. critique J.P. Céré.

236 Cons. d'Et. 18 février 2015, req. n° 375765, *AJ pénal* 2015. 195, note M. Herzog-Evans et E. Péchillon ; *D.* 2015, p. 1122, obs. J.P. Céré.

237 Circ. 9 mai 2003, préc. n° 3.2.7.

nesse. Le chef d'établissement doit, en outre, rédiger un rapport pour la commission d'application des peines, pour toute sanction disciplinaire prononcée à l'encontre d'un mineur (art. 124-22 CJPM) et pour toute sanction de cellule disciplinaire ou de confinement en cellule individuelle ordinaire dont la durée est supérieure à sept jours, pour les détenus majeurs (art. R. 234-29 C. pénit.). Parfois, la procédure s'accorde avec certains tempéraments apportés aux droits de la défense.

B. Les aménagements exceptionnels des droits de la défense

Absence de procédure contradictoire. En présence de situations exceptionnelles, les droits de la défense peuvent recevoir certains aménagements[238]. C'est la loi du 12 avril 2000 elle-même qui dispose que la procédure contradictoire peut ne pas être applicable « en cas de circonstances exceptionnelles »[239]. En dépit de ces dispositions, il paraît difficile de refuser l'assistance du détenu par un avocat devant la commission de discipline. Aussi les situations visées sont, par définition, exceptionnelles. Elles sont précisées par la circulaire du 9 mai 2003[240]. Les circonstances exceptionnelles correspondent à des événements imprévisibles, qui revêtent au regard de leur ampleur et de leur durée, une particulière gravité. Dans le contexte carcéral, seules des situations empêchant le défenseur d'accéder à l'établissement (not. mutinerie, destruction de bâtiment…) ou des situations perturbant le fonctionnement de l'établissement de façon durable (not. mouvement social) sont assimilables à des cir-

---

238 Les droits de la défense peuvent également subir des tempéraments en « cas d'urgence ». Ce cas de figure concerne la mise en détention disciplinaire et le confinement en cellule individuelle ordinaire à titre provisoire. V. *supra*.

239 Art. 24 al. 2 de la loi n° 2000-321 du 12 avril 2000.

240 Circ. NOR JUSE 0340055C du 9 mai 2003, § 1.3.4. Circ. abrogée au 1er mai 2009 en raison de sa non-publication sur le site dédié à cet effet. V. D. 2008-1281, 8 déc. 2008, *JO* 10 déc. 2008.

constances exceptionnelles. L'invocation de telles situations s'accorde de deux conséquences. Premièrement, il va de soi que les autorités pénitentiaires doivent préciser, dans la convocation du détenu devant la commission de discipline, les motifs qui entraînent une dérogation à leur droit de bénéficier de l'assistance ou de la représentation d'un conseil[241]. Deuxièmement, ce n'est que si véritablement la situation exceptionnelle ne peut être rétablie dans un délai raisonnable que la procédure disciplinaire peut se dérouler ainsi. « Dans toute la mesure du possible, la commission de discipline doit être différée afin que les personnes détenues puissent bénéficier de la procédure contradictoire »[242]. Quoi qu'il en soit, même en cas d'urgence avérée, le détenu conserve un droit de recours.

Chapitre 2. Les recours disciplinaires

Au titre des dispositions fondamentales reconnues aux détenus, figure le droit de plainte. Il permet de prémunir l'individu contre les mauvais traitements et il assure que la légalité traverse réellement les murs des prisons. Dans cette logique, le détenu désirant contester le bien-fondé d'une sanction disciplinaire dispose aujourd'hui de plusieurs moyens de recours plus ou moins efficaces, en droit interne (Section 1) ou relevant du droit supranational (Section 2).

---

241 V. pour une procédure annulée car aucun avocat n'avait assisté les détenus, alors que l'administration pénitentiaire ne démontrait pas la réalité des exceptions invoquées, TA Versailles 5 févr. 2004 (2 décisions), *D.* 2005, Panorama, p. 997, obs. M. Herzog-Evans.

242 Circ. 9 mai 2003, préc.

Section 1. Les recours internes

Nombre de recours ou de réclamations non juridictionnels sont prévus par la réglementation pénitentiaire française (§ 1). L'ouverture en 1995 des recours juridictionnels devant le juge administratif a entaillé leur attraction, mais ils peuvent être perçus comme complémentaires (§ 2).

§ 1. Les recours non juridictionnels

Même si les diverses procédures de plainte n'offrent pas des garanties de protection équivalentes, le droit de formuler une réclamation est généralement reconnu au détenu. Plusieurs voies formelles existent devant des autorités internes ou extérieures à l'Administration pénitentiaire. Les textes prévoient la possibilité d'un recours gracieux ou hiérarchique devant les autorités pénitentiaires (A). La protection du détenu passe aussi par un droit de réclamation ouvert devant différentes autorités extérieures à l'administration (B). Rarement toutefois, leur rôle les amène à exercer une quelconque influence sur le pouvoir disciplinaire du chef d'établissement.

A. Les recours devant les autorités pénitentiaires

Recours de droit commun. Il échoit au détenu désirant contester une sanction disciplinaire qu'il estime infondée ou abusive d'utiliser les moyens prévus par le code pénitentiaire. Le prisonnier dispose d'une palette à plusieurs facettes pour porter ses réclamations devant diverses autorités administratives. Il peut présenter des plaintes ou des requêtes au chef de l'établissement qui lui accorde audience s'il invoque un motif suffisant (art. R. 314-1 C. pénit.). Quand une décision administrative lui fait grief, le détenu dispose également de la faculté de demander à ce qu'elle soit déférée au directeur interrégional si elle émane d'un chef d'établissement, ou au ministre de la Justice s'il s'agit d'un directeur interrégional (art. R. 315-2 C. pénit.).

Une sanction disciplinaire est, à l'évidence, susceptible d'entrer dans la catégorie des décisions susceptibles de causer grief au détenu. Le recours hiérarchique de droit commun prévu par ces articles paraît donc ouvert au détenu qui entend contester une mesure disciplinaire. Toutefois, la probabilité de voir la requête prospérer ne doit pas abuser. Les chances de succès restent illusoires. Il apparaît irréaliste de demander au chef d'établissement de se censurer lui-même ou qu'il contredise son délégataire. Il en va bien sûr autrement quand des motifs précis (avis médical, fêtes) le conduisent à aménager ou à suspendre l'exécution de la peine. En outre il peut toujours, s'il entend refuser une audience au détenu, lui signifier que la voie commune en matière de contestation des sanctions disciplinaires passe par un recours hiérarchique obligatoire selon les formes de l'article R. 234-43 C. pénit.

Recours hiérarchique obligatoire. Le droit français se distingue par une procédure de recours hiérarchique spéciale à la matière disciplinaire. Le détenu est en effet dans l'obligation, selon l'article R. 234-43 C. pénit., de déférer au directeur interrégional de l'administration pénitentiaire, dans le délai de quinze jours, toute sanction qu'il entend contester. Le délai court à compter de la notification de la décision. Il convient donc de notifier au détenu par écrit la décision disciplinaire et de l'informer du caractère obligatoire de ce recours[243].

Cette voie s'impose au détenu en préalable à tout recours contentieux. Le directeur interrégional dispose d'un mois maximum, à compter de la réception du recours, pour répondre par décision motivée. L'absence de réponse dans ce délai équivaut toutefois à une décision de rejet et confirme la punition prononcée par la commission de discipline.

---

243 P. Mounaud, Les recours gracieux et hiérarchiques des détenus, *Rev. pénit.* 2007, n° spécial, p. 49.

Le recours hiérarchique sert de filtre et permet d'endiguer des contestations qui alourdiraient inutilement la charge des juges. Il apparaît à ce titre complémentaire des actions juridictionnelles, car il privilégie des considérations d'opportunité ou d'équité. L'utilité d'un recours hiérarchique, dont l'efficacité reste toujours à prouver, est difficile à cerner, sauf à estimer qu'il permet d'harmoniser la répression disciplinaire à l'échelle d'une région pénitentiaire.

Il est donc permis de douter du bien-fondé d'une démarche, imposée au détenu, qui vient allonger plus les délais ; le recours étant non suspensif. Cette situation revient à priver de recours juridictionnel le détenu, en l'autorisant à saisir le juge, une fois sa sanction définitivement exécutée. Ce type de recours a de toute façon vocation à disparaître au regard de la jurisprudence de la Cour européenne des droits de l'homme (V. *infra*). Indépendamment de toute réponse hiérarchique, le détenu bénéficie néanmoins d'autres pistes de réclamations devant les autorités extérieures à l'Administration pénitentiaire.

B. Les réclamations devant les autorités non pénitentiaires

Effets relatifs. Les détenus peuvent se prévaloir de plusieurs mécanismes protecteurs de leurs droits en matière disciplinaire. Mais l'exercice d'une réclamation emporte, là encore, des effets bien relatifs.

Visites obligatoires des magistrats. Les facultés de plaintes ouvertes au détenu par les textes comprennent plusieurs variantes. Le code pénitentiaire impose une visite au moins une fois par an du président de la chambre de l'instruction, du président du tribunal de grande instance, du procureur de la République, du juge des libertés et de la détention, du juge d'instruction, du juge de l'application des peines et du juge des enfants, de chaque établissement pénitentiaire situé dans leur ressort territorial, du premier président de la cour d'appel, du procureur général (art. L.

131-1 C. pénit.). L'article R. 131-1 C. pénit. précise bien que le détenu est en mesure de demander un entretien auprès des magistrats et fonctionnaires chargés de l'inspection ou de la visite de l'établissement, hors la présence de tout membre du personnel de la prison. Il est concevable qu'il puisse profiter des visites obligatoires de l'établissement que ces diverses autorités judiciaires effectuent pour formuler des réclamations.

Finalité des visites. Une évidence s'impose toutefois avec force. Quand bien même ces fréquences seraient respectées, elles paraissent hautement insuffisantes pour maîtriser les complexités du milieu carcéral[244]. De toute façon, le rôle de ces visites participe plus du symbolique que de la recherche d'un contrôle efficace. La lecture des textes apprend que le président de la chambre de l'instruction « vérifie la situation des personnes mises en examen » tandis que le juge d'instruction se contente de « voir » les prévenus. Seul le juge des enfants paraît théoriquement pourvu d'une mission plus poussée, puisqu'il s'attache à vérifier « les conditions de la détention des mineurs » et à faire « part de ses observations éventuelles aux autorités compétentes pour y donner suite ». Mais en tout état de cause, son pouvoir se limite à dénoncer d'éventuelles mauvaises conditions de détention. Il ne peut porter de jugement sur le bien-fondé d'une sanction disciplinaire.

Réclamations auprès du procureur de la République. Le détenu peut encore s'adresser au procureur de la République. Il peut se déplacer « plus souvent s'il y a lieu, notamment pour entendre les personnes détenues qui auraient des réclamations à présenter ». Mais nonobstant la faculté

---

244 « Le nombre et la fréquence des visites des magistrats dans les établissements pénitentiaires sont impossibles à mesurer, en l'état actuel des données », J.M. Delarue, Extension et limites au contrôle judiciaire, *in* La Prison, *Rev. Pouvoirs*, 2010, p. 113.

d'audition, le détenu n'a guère de possibilité de voir sa requête aboutir. Le procureur de la République n'est investi d'aucun pouvoir spécifique en matière de discipline pénitentiaire. Les suites qu'il entend donner à la réclamation du détenu se matérialisent par un simple compte rendu au procureur général. L'article D. 131-5 C. pénit. impose à ce dernier de soumettre au ministre de la Justice, chaque année, un rapport conjoint sur le fonctionnement des établissements pénitentiaires de leur ressort et du service assuré par le personnel de ces établissements ».

Contrôleur général des lieux de privation de liberté. Il est possible aussi de songer à la mission confiée au contrôleur général des lieux de privation de liberté[245]. Mais il s'agit d'un contrôle portant sur les conditions de prises en charge des personnes privées de liberté et d'une vérification que tous les droits fondamentaux des personnes privées de libertés sont préservés au quotidien. Le contrôle est donc essentiellement préventif et cette autorité administrative indépendante n'est pas habilitée à statuer sur une plainte d'un détenu en particulier.

Droit à l'information. Le détenu, en définitive, peut fonder ses espoirs sur l'information transmise automatiquement ou à son initiative à quelques autorités. L'article R. 234-29 C. pénit. fait obligation au chef d'établissement d'avertir par

245 V. J.P. Céré, L'institution d'un contrôleur général des lieux de privation de liberté par la loi du 30 octobre 2007 : remarques sur un accouchement difficile, *AJ Pénal* 2007, p. 525 ; P. Darbéda, Une nouvelle autorité administrative indépendante : le contrôleur général des lieux de détention, *Rev. pénit.* 2007, 699 ; M. Danti-Juan, La création d'un contrôle général des lieux de privation de liberté, *Rev. pénit.* 2008, p. 485 ; M. Moliner-Dubost, « Le contrôleur général des lieux de privation de liberté, commentaire de la loi n° 2007-1545 du 30 octobre 2007 », *AJDA* 2008. 84 ; L. Mortet, « Le contrôleur général des lieux de privation de liberté : un nouveau regard sur les lieux de privation de liberté », *Rev. pénit.* 2008, p. 287 ; J. Chevallier, Le contrôleur général des lieux de privation de liberté *in* J. Ch. Froment et M. Kaluszynski (dir.), *L'administration pénitentiaire face aux principes de la nouvelle gestion publique*, PUG, 2011, p. 187.

copie, sous cinq jours, de toute décision prononçant une sanction disciplinaire, le directeur interrégional des services pénitentiaires et le JAP sous le contrôle duquel est placé le détenu concerné (ou le magistrat chargé de l'instruction, le cas échéant). Il ne s'agit ici que d'un devoir d'information. Aujourd'hui comme hier, le JAP n'a aucun moyen légal pour réformer une sanction disciplinaire : que ce soit à titre personnel ou en qualité de président de la commission d'application des peines.

Directeur interrégional des services pénitentiaires. Quant au directeur interrégional des services pénitentiaires, il est tout aussi difficilement concevable qu'il puisse chercher à modifier trop fréquemment les punitions, alors que l'Administration pénitentiaire s'est engagée, depuis longtemps déjà, dans un processus de responsabilisation et d'indépendance des autorités locales. Et le domaine disciplinaire n'est pas épargné par cette évolution. Le directeur interrégional a justement perdu en 1996 le pouvoir d'élever les sanctions disciplinaires prises par les chefs de maison d'arrêt.

Dans ces conditions, les requêtes des détenus ont peu de chances de trouver une issue favorable. Il est donc clair que le secours vient essentiellement des recours juridictionnels.

§ 2. Les recours juridictionnels

Le contrôle des sanctions disciplinaires relève, à l'heure actuelle, de la compétence du juge administratif. Celui-ci peut être saisi en référé (A) ou au fond (B).

A. Les procédures d'urgence et les sanctions disciplinaires

La loi n° 2000-597 du 30 juin 2000 (*JO* 1er juill. 2000) a profondément remanié les procédures d'urgences en droit administratif. La réforme entreprise permet aux détenus sanctionnés disciplinairement d'utiliser la voie du référé (2) ;

mais encore faut-il qu'ils respectent les conditions d'ouvertures propres à ces recours (1).

1. Les conditions du recours aux procédures d'urgence

Plusieurs types de référés existent en droit administratif. Ils se particularisent par une souplesse procédurale qui doit permettre de remédier à des inégalités manifestes. Ainsi le référé est généralement porté devant un juge unique et le requérant est dispensé de droit de timbre. Les règles de compétences - aussi bien compétence d'attribution que territoriale - sont interprétées avec clémence. En cas de doute, le litige peut échoir au juge dont la compétence n'est pas *a priori* exclue[246]. Dans deux cas de figure, la compétence du juge des référés n'est pas admise. Premièrement, il peut décliner sa compétence en cas de demande dont l'urgence ne paraît pas établie. Le juge dispose ici d'une large marge de manœuvre pour apprécier le caractère ou non de l'urgence de la requête. Il convient donc que le requérant soulève la nécessité de rendre une décision provisoire urgente. Deuxièmement, la requête sera rejetée en cas d'incompétence avérée du juge administratif. Il en va ainsi si la demande ne relève pas de la compétence de la juridiction administrative, si elle est irrecevable ou si elle est mal fondée[247].

En l'état actuel des textes, le traitement du contentieux disciplinaire pénitentiaire appartient au juge administratif. Dès lors, il ne fait aucun doute que le juge des référés est lui-même compétent dans ce domaine, sous réserve que la sanction disciplinaire litigieuse ne soit pas considérée comme une mesure d'ordre intérieur, insusceptible de recours. En effet, comme le juge des référés n'est pas compétent en cas de

---

246 V. O. Le bot, *Le guide des référés administratifs*, Dalloz, 3e éd., 2023 ; J. Gourdou et A. Bourrel, *Les référés d'urgence devant le juge administratif*, L'Harmattan, coll. La justice au quotidien, 2003 ; P. Cassia, *Les référés administratifs d'urgence*, LGDJ, 2003.

247 Art. L. 522-3 C. just. adm.

requête irrecevable ou mal fondée, une requête en référé n'est admissible que sous la condition qu'un recours au fond soit possible. Comme la théorie des mesures d'ordre intérieur n'affecte plus les sanctions disciplinaires (V. *supra*), une action en référé semble donc accessible quelle que soit la sanction disciplinaire prononcée. Tel n'est pas le cas, à l'inverse, pour les contentieux qui relèvent de la compétence du juge judiciaire. Par exemple, l'incompétence du juge administratif en référé apparaît manifeste pour les décisions prises par le juge de l'application des peines, telles que les permissions de sortir ou les réductions de peine.

2. L'application des procédures d'urgence en droit disciplinaire

Peu de décisions concernant le contentieux disciplinaire pénitentiaire ont été rendues en référé, mais tous les types de référés ont vocation à s'appliquer au domaine disciplinaire en prison. De surcroît, l'admission du recours pour excès de pouvoir contre la décision de placement préventif en cellule disciplinaire doit alimenter le choix du référé.

a) Le référé suspension

Le référé suspension est réglementé par l'article L. 521-1 du Code de justice administrative. Cet article dispose que « quand une décision administrative, même de rejet, fait l'objet d'une requête en annulation ou en réformation, le juge des référés, saisi d'une demande en ce sens, peut ordonner la suspension de l'exécution de cette décision, ou de certains de ses effets, lorsque l'urgence le justifie et qu'il est fait état d'un moyen propre à créer, en l'état de l'instruction, un doute sérieux quant à la légalité de la décision ».

Ce référé est donc ouvert à toute personne qui se prétend lésée par une décision administrative. Il n'est point besoin que cette décision soit exécutoire. Une décision implicite suffit. Il convient toutefois qu'une action en annulation de la décision soumise au juge des référés soit également engagée. Il n'est pas cependant exigé par la jurisprudence que le requérant ait eu le résultat d'un recours hiérarchique, lorsque ce dernier est imposé en préalable à la saisine des juridictions administratives[248]. L'intérêt de cette solution en droit disciplinaire pénitentiaire est évident. Cette action en référé permet de conjurer le filtre du recours hiérarchique préalable en obtenant directement une décision du juge. Il suffit pour cela que le détenu apporte la preuve que le recours préalable a été présenté.

Comme son nom l'indique, le juge des référés peut suspendre la décision contestée, en tout ou partie. En cas de suspension, la juridiction statuant au principal doit rendre sa décision dans « les meilleurs délais » et, bien évidemment, la décision du juge des référés n'est valable que jusqu'au prononcé d'une décision au fond. Pour obtenir la suspension, en référé, de la décision administrative, il est cependant indispensable que le requérant invoque, à l'appui de sa requête, outre le critère de l'urgence, un moyen propre à créer un doute sérieux quant à la légalité de la décision. Cette condition d'un doute sérieux est laissée à l'appréciation souveraine des juges de référés, sous réserve de dénaturation des faits et d'un contrôle limité à l'erreur de droit. Ce type de référé n'est guère exploité par les détenus alors même qu'il pourrait conduire à la suspension d'une sanction disciplinaire[249]. Et

---

248 Cons. d'Et. 12 oct. 2001, *Sté Produits Roche*, *AJDA*, 2002, p. 123.

249 Le délai habituel de traitement du recours, de deux à trois semaines, compromet son intérêt, y compris pour les placements en cellule disciplinaire les plus longs. V. E. Rey-Bethbeder, Le juge administratif et le monde carcéral : de l'ignorance volontaire à l'effectivité du droit de recours, *in* Le droit de l'exécution des peines : une jurisprudence en mouvement, *Rev. pénit.* 2007, n° spécial, p. 58.

quand c'est le cas, le juge se montre strict sur l'admission de la condition de l'urgence[250]. Ils lui préfèrent le référé liberté.

b) Le référé liberté

Le référé liberté, appelé aussi référé sauvegarde, est prévu à l'article L. 521-2 du Code de la justice administrative. En vertu de cet article, le juge des référés « peut ordonner toutes mesures nécessaires à la sauvegarde d'une liberté fondamentale à laquelle une personne morale de droit public ou un organisme de droit privé chargé de la gestion d'un service public aurait porté, dans l'exercice d'un de ses pouvoirs, une atteinte grave et manifestement illégale ». Le juge dispose d'un délai de quarante-huit heures pour statuer. En cas de décision favorable, le juge administratif peut prendre toute mesure nécessaire. À ce titre, il peut ordonner une suspension provisoire de la mesure litigieuse.

Conditions générales requises. Pour se prévaloir des dispositions de ce type de référé, le requérant doit invoquer « la sauvegarde d'une liberté fondamentale » et son action doit permettre de remédier « à une atteinte grave et manifestement illégale » portée à une telle liberté ; la demande devant être justifiée par l'urgence. Il est donc logique que le chef d'établissement soit tenu de transmettre immédiatement le référé au tribunal administratif, sous peine de méconnaître le droit effectif au recours protégé par l'article 13 de la Convention européenne des droits de l'homme[251]. Mais, sans doute afin d'éviter sa banalisation, le juge administratif fait

---

250 Cons. d'Et. 25 juill. 2016, req. n° 400777, *AJ pénal* 2016, p. 549, obs. M. H. Evans (à propos d'une décision de rejet implicite d'une demande d'édiction de mesures réglementaires pour l'application de l'article 726 4° du code de procédure pénale [L. 231-1 du Code pénitentiaire actuel], concernant l'accès au dossier de la procédure par l'avocat, et spécifiquement aux enregistrements de vidéosurveillance).

251 CAA Lyon 29 janv. 2015, *AJ Pénal* 2015, p. 163, obs. J. Falxa.

une interprétation très restrictive de la notion de « liberté fondamentale »[252].

Transposition des conditions à la prison. Le contentieux disciplinaire en prison n'échappe pas à ce mouvement et le juge administratif n'est que rarement amené à suspendre un placement en cellule disciplinaire au nom de la nécessaire sauvegarde d'une liberté fondamentale. Il faut convenir que, pour le juge administratif, le placement en cellule disciplinaire ne peut « en l'absence de circonstances particulières », constituer la situation d'urgence. Seuls des éléments tenant notamment à son état de santé ou aux conditions de sa détention sont de nature à caractériser une telle urgence[253]. En outre, compte tenu de la spécificité et des durées maximales des sanctions prononcées, le détenu ne peut jouir, dans la pratique, de son droit d'appel devant le Conseil d'État. L'appel devant le juge des référés du Conseil d'État sera déclaré sans objet car la sanction contestée aura déjà produit tous ses effets[254].

Situations refusées. Dès lors, un placement en cellule disciplinaire, quelle que soit sa durée, ne peut être assimilé à une violation d'une telle liberté[255], y compris quand le détenu fait l'objet de plusieurs mesures successives de placement en

---

252 V. J. Gourdou et A. Bourrel, *op. cit.* p. 74 et s ; L. Favoreu, La notion de liberté fondamentale devant le juge administratif des référés, *D.* 2001, p. 1739.

253 Cons. d'Et. 22 avr. 2010, *AJDA* 2010. 929, *AJ Pénal* 2010, p. 299, obs. E. Péchillon, *Rev. Sc. crim.* 2010, p. 645, obs. P. Poncela, *D.* 2011, p.1308, obs. E. Péchillon ; Cons. d'Et. 13 août 2014, req. n° 383588.

254 Cons. d'Et. 8 juin 2011, n° 349846.

255 Cons. d'Et. 4 déc. 2002, req. n° 252164 (deux sanctions d'une durée de trente jours, dont une avec un sursis de quinze jours) ; TA Versailles 11 févr. 2002, req. n° 02423 et TA Toulouse, ord. 28 nov. 2006, req. n° 0604669 (durée de quarante-cinq jours) ; TA Poitiers 9 oct. 2002, req. n° 021703 (vingt jours dont dix avec sursis) ; TA Rouen 13 mars 2003, req. n° 03-0471 (vingt jours dont treize avec sursis).

cellule disciplinaire[256]. Le non-respect de certains droits de la défense ne constitue pas non plus une atteinte suffisamment grave à une liberté fondamentale. Il en a été jugé ainsi à propos d'une convocation devant la commission de discipline qui comportait « un exposé sommaire et imprécis des faits » reprochés au détenu[257] ou de l'insuffisance de motivation d'une sanction disciplinaire[258]. Dans une autre affaire, un détenu a invoqué comme raison de l'atteinte à une liberté fondamentale, le fait que l'exécution de la mise en cellule disciplinaire l'empêchait de passer des examens. Il apparaissait dans cette affaire que l'administration avait attendu une dizaine de jours pour convoquer la commission de discipline (30 mai), ce qui laissait entendre que le président de la commission de discipline aurait très bien pu éviter de sanctionner le détenu durant la durée des examens (trois journées). Pourtant, le juge administratif devait rejeter la requête au motif que celle-ci avait été déposée et enregistrée au greffe le lundi 6 juin alors même que les examens commençaient ce jour-là. La « période concernée était déjà entamée, la condition tenant à l'urgence ne [pouvait] plus être considérée comme satisfaite »[259].

Compte tenu de l'absence de propension à retenir la condition d'urgence, le juge administratif ne requiert pas qu'il soit statué dans les heures suivant l'introduction du référé. En conséquence, un délai trop court pour produire un mémoire

256 Cons. d'Et. 22 avr. 2010, req. n° 338662 (30 jours, 7 jours, 2 jours, 30 jours) ; *AJDA* 2010, p. 929 ; *D.* 2011. 1306, obs. E. Péchillon ; *AJ pénal* 2010, p. 299, obs. E. Péchillon ; *Rev. Sc. crim.* 2010, p. 645, obs. P. Poncela

257 Cons. d'Et. 10 févr. 2004, req. n° 264182. Dans cette affaire, le TA de Montpellier avait pourtant retenu l'atteinte à une liberté fondamentale dans une ordonnance du 15 janvier 2004 et avait prononcé la suspension du placement en cellule disciplinaire.

258 TA Paris 8 févr. 2001, *D.* 2002, p. 111, obs. E. Péchillon.

259 TA Nantes, ord. 6 juin 2005, req. n° 052953.

en défense est de nature à violer le principe du contradictoire[260].

Situations admises. Bien peu de référés prospèrent. Le juge administratif a toutefois admis la condition d'« urgence » pour un détenu qui contestait par la voie du référé son placement en cellule disciplinaire pour une durée de 30 jours[261]. Dans cette espèce, le juge considère que cette condition est présente au motif qu'une « aussi longue durée porte atteinte grave et immédiate à sa situation en menaçant sa santé physique et psychique ». Cette décision, pleinement justifiée par la santé de l'intéressé, ne doit pas remettre en cause l'interprétation restrictive générale de la condition d'urgence par le juge administratif[262] qui, pour l'heure, ne cède donc que si le détenu parvient à justifier la présence de circonstances propres à sa situation physique ou psychique. Quoi qu'il en soit, en dépit de ces perspectives restrictives de succès du recours en référé pour contester une sanction disciplinaire, le juge administratif l'assimile à un recours effectif au sens de l'article 13 de la Convention européenne de sauvegarde des droits de l'homme[263].

c) Le référé conservatoire

Le référé conservatoire permet « en cas d'urgence et sur simple requête qui sera recevable même en l'absence de décision administrative préalable [au juge] des référés [...] d'ordonner toutes autres mesures utiles sans faire obstacle à

---

260 Cons. d'Et. 22 avr. 2010, req. n° 338662 (communication à la défense par le juge des référés la demande de production du mémoire et l'avis d'audience à 10h pour une audience fixée le même jour à 15h).

261 TA Melun, ord. 1er avr. 2008, req. n° 0802164/6

262 D'autant qu'il faut établir que le détenu est toujours placé en cellule disciplinaire au moment où il introduit le recours, Cons. d'Et. 5 avr. 2023, req. n° 472606.

263 CAA Douai 26 avr. 2022, req. n° 21DA00653, *D.* 2023, p. 1092, obs. E. Péchillon et S. Renard.

l'exécution d'aucune décision administrative». Ce type est encore plus empreint de la simplicité propre à l'ensemble des référés administratifs qu'aucune décision préalable n'est exigible. En conséquence, la preuve d'une illégalité n'est pas non plus requise. En contrepartie, ce référé présente un champ d'application plus limité que les précédents dans le sens où il ne permet que de préserver un intérêt immédiat et non de contester une décision. L'admission de ce référé ne doit donc pas faire obstacle à l'exécution d'une décision administrative.

Ce type de référé conserve néanmoins un intérêt certain en matière pénitentiaire, y compris en ce qui concerne la discipline. Ainsi, il a été jugé que le juge des référés pouvait tout à fait faire droit à la demande d'un détenu tendant à ce qu'un huissier se déplace au sein du quartier disciplinaire aux fins de constater les mauvaises conditions de détention du requérant (absence de chauffage en hiver et défaut d'étanchéité de la fenêtre). Cette mesure a été jugée comme utile au détenu en appui d'un recours ultérieur que le détenu comptait engager contre l'administration pénitentiaire pour violation des dispositions du Code pénitentiaire qui prescrivent que les locaux de détention soient suffisamment chauffés[264].

B. Les recours juridictionnels sur les sanctions disciplinaires

Tout en affirmant sa compétence en matière de recours dirigé contre des sanctions disciplinaires, le juge administratif a pendant longtemps opposé l'irrecevabilité des demandes formulées par les détenus, au motif que ces sanctions correspondaient à des mesures d'ordre intérieur. Ce n'est qu'en 1995 que le Conseil d'État a opéré un revirement radical en admettant le contrôle des sanctions disciplinaires (1).

---

264 Cons. d'Et. 15 juillet 2004, *D.* 2005, Panorama, p. 995, obs. J.P. Céré ; TA Clermont-Ferrand 1er mars 2004, *AJ Pénal* 2004, p. 332, obs. E. Péchillon.

L'exercice des recours a très rapidement été réglementé et soumis à une procédure particulière (2).

1. Le contrôle du juge sur les sanctions disciplinaires

Théorie des mesures d'ordre intérieur. Le Conseil d'État a utilisé, depuis le début de ce siècle, la notion de mesure d'ordre intérieur pour décliner la recevabilité des recours contre les sanctions prises par le chef d'établissement[265] ou contre les confirmations éventuelles après recours hiérarchique tandis que le juge judiciaire opposait son incompétence[266].

Justification des mesures d'ordre intérieur. Plusieurs justifications ont été exposées pour tenter d'expliquer la notion des mesures d'ordre intérieur, mais toutes alimentent des controverses doctrinales. D'un côté, en vertu de l'adage bien connu *de minimis non curat praetor*, le juge n'aurait pas à examiner ce qui comporte un effet insignifiant sur la situation juridique des intéressés. En d'autres termes, la faible importance d'une mesure n'a pas à justifier un contrôle du juge administratif. D'un autre côté, la théorie relative aux mesures d'ordre intérieur serait l'expression d'une politique d'opportunité administrative. Le fait de préserver une parcelle du pouvoir des autorités administratives de tout regard extérieur assure une efficacité renforcée des services publics. Le juge, en écartant les recours, ferait preuve de circonspection pour éviter de générer un contentieux diffus, incompatible avec le maintien d'une discipline minimale au sein du corps administratif considéré.

---

265 Cons. d'Et. 28 juill. 1932, *Brunaux*, Leb., p. Tables, t.1, p. 8 ; Cons. d'Et. 4 mai 1979, Comité d'action des prisonniers, Leb., p. 182 ; *JCP*, 1979.II.19242, concl. M. Franc ; *D.*, 1979.IR.390, obs. P. Devolvé ; *D.*, 1980, p. 433, note M. Drapier.

266 Cass. crim. 20 déc. 1990, *Omarsaïb*, *Dr. pén.*, avril 1991, comm. 131, A. Maron.

Domaine d'élection des mesures d'ordre intérieur. Traditionnellement, le domaine d'élection des mesures d'ordre intérieur s'exprime au sein de l'école, de l'armée et de la prison. Il n'en demeure pas moins que le prétexte de la notion des mesures d'ordre intérieur conduit à exclure de tout contrôle des sanctions qui peuvent porter atteinte à la situation juridique des individus, voire même à leurs droits et libertés. Dans ce cas, l'absence de recours juridictionnel traduit une défaillance visible de l'État de droit. Il n'est guère étonnant, dès lors, que l'irrecevabilité des recours, indéfectible autrefois, ait achoppé sur la nécessité d'examiner des requêtes où, manifestement, les libertés fondamentales doivent supplanter les intérêts de l'administration.

Disparition progressive des mesures d'ordre intérieur. La notion des mesures d'ordre intérieur s'est étiolée progressivement dans le domaine pénitentiaire. Ne sont pas ou plus exactement ne sont plus des mesures d'ordre intérieur les décisions emportant des conséquences pécuniaires. La rétention par un directeur d'établissement de l'argent bloqué sur le compte d'un détenu[267] comme la décision relative à la gestion des biens des détenus[268] sont susceptibles de recours. Suivant cette logique, le juge a encore examiné la requête d'un détenu à propos du refus du directeur de l'autoriser à cantiner du cidre ou de la bière[269].

Les décisions touchant les droits ou la liberté du détenu sont aussi sujettes à contestation : celle du directeur d'un hôpital psychiatrique, empiétant sur le secret de la correspondance

---

267 TA Versailles 26 avr. 1985, *Minouya*, *Gaz. Pal.*, 28 nov. 1985 ; Cons. d'Et. 3 nov. 1989, *Pitalugue*, Leb., p. 772.

268 Cons. d'Et. 5 mai 1986, *ministre des Finances c/ Salipante*, Leb., p. 129.

269 Cons. d'Et. 15 janv. 1992, *Cherbonnel*, *RFD adm.*, p. 1131 et s. ; concl. F. Scanvic ; *Rev. Adm.*, p. 224, note H. Ruiz-Fabri ; V. aussi, TA Châlons-en-Champagne 5 mars 1998, *Vallot*, req. n° 94-1997 et 12 mai 1998, Le *Scouezec*, req. n° 98-205.

du détenu et de son avocat[270] ; celle refusant au détenu de s'abonner à une revue[271] ; ou celle venant du ministre de la Justice interdisant l'entrée de publications relatives aux armes à feu[272]. La solution prévaut à l'identique pour les mesures concernant la liberté des personnes pénétrant dans l'enceinte d'une maison d'arrêt, par l'installation d'un portique de détection à l'entrée[273].

Enfin, les recours des détenus contre des actes plus généraux se sont progressivement ouverts : recevabilité de la requête contre une circulaire du ministre de la Justice relative « aux détenus particulièrement surveillés »[274] ; action d'une association regroupant une majorité d'anciens détenus contre un décret relatif à des sanctions disciplinaires[275] ; annulation d'une circulaire du ministre de la Justice interdisant certaines correspondances des prévenus et condamnés mis en cellule de punition. Ces jurisprudences conduisent à penser qu'une suite favorable peut être donnée à une tentative de recours contre les dispositions des règlements intérieurs des prisons.

Après avoir manqué l'occasion de restreindre la liste des mesures d'ordre intérieur[276], une étape capitale à franchir

---

270 Cons. d'Et. 12 mars 1980, *Centre hospitalier de Sarreguemines*, Leb., p. 141.

271 TA Limoges 11 févr. 1982.

272 Cons. d'Et. 10 oct. 1990, *Garde des Sceaux, ministère de la Justice c/ Hyver*, Leb., p. 911.

273 Cons. d'Et. 21 oct. 1988, *Syndicat des avocats de France*, Leb., p. 373 ; *AJDA*, 1998, p. 727, chron. M. Azibert et M. De Boisdeffre.

274 Cons. d'Et. 12 nov. 1986, *Winterstein, Leb., p. 338) ;* Cons. d'Et. 8 déc. 2000 req. n° 162995, *Petites affiches*, 8 févr. 2001, n° 28, concl. R. Schwartz, p. 16.

275 Cons. d'Et. 4 mai 1979, Comité d'action des prisonniers, Leb., p. 182, *JCP*, 1979.II.19242, concl. M. Franc ; *D.* 1979.IR.390, obs. P. Devolvé ; *D* 1980, p. 433, note M. Drapier.

276 Cons. d'Et. 27 janv. 1984, Caillol, (à propos du placement d'un prévenu dans un quartier de plus grande sécurité) ; Leb., p. 28 ; *RD publ.*, 1984, p. 483 et s., concl. B. Genevois ; *RFD adm.*, 1984, p. 187 et s., obs. F. Moderne ; *Gaz. Pal.*, 1984.1.284, note X. Prétot ; *Rev. sc. crim.*, 1984, p. 555, note P. Couvrat ; *AJDA*, 1984, chron. B. Lasserre et J.-M. Delarue.

pour le Conseil d'État résidait dans l'acceptation du contrôle des sanctions disciplinaires prises contre les détenus. La Haute Juridiction s'en est acquittée par l'arrêt de principe *Marie,* rendu concomitamment à la décision du 17 février 1995 relatif aux punitions infligées aux militaires. Depuis, les mesures relevant de l'ordre intérieur ne cessent de se retrécir en prison[277]. Le juge administratif peut être saisi d'un recours pour excès de pouvoir en matière de placement à l'isolement par mesure de protection ou de sécurité[278], de transfert d'un établissement pour peine vers une maison d'arrêt[279], de déclassement d'emploi[280], de fouilles intégrales d'un détenu lors de ses extractions pour comparaître devant les juridictions judiciaires[281], de versement de la pension du détenu sur un compte bancaire personnel[282], d'inscription d'un détenu sur la liste des détenus particulièrement signa-

277 D. Bouju, Le détenu face aux mesures d'ordre intérieur, *RD publ.* 2005, p. 597 ; M. Guyomar, Le juge administratif, juge pénitentiaire *in Mélanges en l'honneur d'Yves Jégouzo*, Dalloz, 2009, p. 471 ; M. Guyomar, La justiciabilité des mesures pénitentiaires devant le juge administratif, *AJDA* 2009, p. 413 ; C. Vigouroux, La valeur de la justice en détention, *AJDA* 2009, p. 403 ; C. Groulier, Une nouvelle approche des mesures d'ordre intérieur en prison ? *RD publ.* 2009, p. 217

278 Cons. d'Et. 30 juill. 2003, *D.* 2003, p. 2331, note M. Herzog-Evans ; *AJ Pénal* 2003, p. 74 ; *JCP G* 2004. IV. 1187 ; *Dr. pénal* 2004, comm. 43, obs. A. Maron ; *Rev. Sc. Crim.* 2005, p. 390, note P. Poncela.

279 Cons. d'Et. 14 déc. 2007, *D.* 2008, p. 1018, obs. J.P. Céré ; Cons. d'Et. 30 nov. 2008.

280 Cons. d'Et 14 déc. 2007, *D.* 2008, p. 820, note M. Herzog-Evans ; *AJDA* 2008, p. 128, obs. J. Boucher et D. Bourgeois-Machureau ; *AJ Pénal* 2008, p. 100, obs. E. Péchillon ; *D.* 2008, p. 1017, obs. J.P. Céré ; Cons. d'Et. 17 déc. 2008, req. n° 290420.

281 Cons. d'Et. 14 nov. 2008, *Procédures*, janv. 2009, comm. 31, obs. S. Deygas.

282 Cons. d'Et. 10 déc. 2008, req. n° 303624.

lés[283], d'organisation du droit de visite au parloir[284] ou encore d'un placement en régime différentié[285].

La contestation d'une sanction disciplinaire pénitentiaire engendre le respect d'une procédure de recours spécifique.

2. La procédure de recours

Recours hiérarchique obligatoire. Le détenu qui veut obtenir la réformation d'une sanction disciplinaire doit respecter la procédure de recours obligatoire devant le directeur interrégional des services pénitentiaires. Pour rappel, l'article R. 234-43 C. pénit. impose de lui déférer, sous quinze jours, à compter de sa notification, toute sanction disciplinaire qu'il désire contester. Il s'agit bien d'un recours hiérarchique préalable dont le détenu ne peut se dispenser. De jurisprudence constante, son caractère est obligatoire et il ne peut saisir directement le juge[286].

À compter de la réception du recours, le directeur interrégional dispose d'un mois pour répondre par décision motivée. La procédure devant le directeur interrégional n'est pas contradictoire[287]. Il est tenu de rédiger lui-même la réponse au recours, à moins de déléguer explicitement sa compétence à un agent. À défaut, il n'est pas possible de considérer que le directeur interrégional adjoint bénéficie du pouvoir de signer le recours[288]. Il est donc fondamental que la décision comporte des éléments tels que « outre la signa-

---

283 Cons. d'Et. 30 nov. 2009, *AJDA* 2010, p. 994, note M. Moliner-Dubost ; *AJ Pénal* 2010, p. 43, obs. E. Péchillon.

284 Cons. d'Et. 26 nov. 2010, *AJDA* 2011, p. 678, note M. Poujol.

285 Cons. d'Et. 28 mars 2011, *JCP G* 2011, act. 430, obs. Ch. A. Dubreuil.

286 Cons. d'Et. 29 déc. 1999, Rec. Leb. P. 46 ; *D.* 2000, IR, p. 29 ; TA limoges, 17 déc. 1998, *Lanne*, req. n° 97-779 ; TA Caen, 15 févr. 2000, *Leboulch*, req. n° 99-478 ; CAA Marseille, 28 déc. 2000, *D.* 2002, chron. p. 117, obs. E. Péchillon.

287 TA Nantes 27 oct. 2004, *D.* 2005, Panorama, p. 999, obs. J.P. Céré.

288 TA Limoges 4 nov. 2004, *D.* 2005, Panorama, p. 999, obs. E. Péchillon.

ture de son auteur, la mention en caractères lisibles du prénom, du nom et de la qualité de celui-ci» de manière à vérifier la présence d'une éventuelle délégation de signature [289]. D'une façon générale, une signature illisible ne permet pas de s'assurer que le directeur interrégional est bien l'auteur de la décision contestée[290].

Pouvoirs du directeur interrégional. Le directeur interrégional peut bien sûr confirmer la sanction prise ou la réformer en tout ou partie mais il n'est pas tenu de répondre à l'ensemble des moyens soulevés par le détenu à l'appui de son recours. Toutefois la décision du directeur interrégional doit reposer sur des faits matériellement incontestables et sur une qualification juridique suffisante[291] et le détenu doit être en mesure de faire des observations au directeur interrégional sur l'ensemble des faits reprochés, surtout si l'occasion de le faire ne lui a pas été donnée précédemment[292]. En cas de changement de qualification de la faute par le directeur interrégional, il lui appartient de bien motiver la sanction et de s'assurer qu'elle corresponde aux faits reprochés[293]. À défaut, le juge administratif pourra annuler la sanction pour erreur manifeste d'appréciation. Tel est le cas par exemple pour une requalification des faits en faute de moindre importance - troisième degré au lieu de deuxième degré - avec une confirmation de la sanction initiale. Le respect du *quantum* prévu pour les fautes du troisième degré n'assure même pas de la légalité de la sanction[294]. En l'absence de réponse

---

289 TA Versailles 19 févr. 2004, *D.* 2005, p. 999, obs. E. Péchillon ; TA Lille 21 sept. 2006, req. n° 0306215 ; *Contra* TA Orléans 14 déc. 2006, req. n° 0403392.

290 TA Rouen 28 avr. 2005, req. n° 0301112.

291 TA Paris 29 juill. 2004, *D.* 2005, p. 998, obs. E. Péchillon.

292 TA Rouen 30 juill. 2004, *D.* 2005, p. 998, obs. E. Péchillon.

293 La requalification opérée par le directeur interrégional est une faculté qui ne saurait contrevenir au principe de légalité des infractions disciplinaires. TA Nantes 27 oct. 2004, *D.* 2005, p. 997, obs. M. Herzog-Evans.

294 TA Grenoble 24 mai 2000, *D.* 2002, chron. p. 117, obs. E. Péchillon.

du directeur interrégional dans le délai imparti, la sanction est considérée comme validée.

Recours juridictionnel. Le détenu qui n'a pas obtenu satisfaction par la voie hiérarchique a deux mois pour saisir les juridictions administratives sachant qu'il est tenu de respecter de strictes conditions formelles de procédure. Le contenu de sa requête doit être suffisamment précis et complet pour la considérer comme un recours administratif préalable. Seules de légères erreurs de formulation peuvent être admises dès lors que l'essentiel de la procédure a été respecté[295]. Ainsi, une lettre adressée au directeur interrégional et dont le contenu n'est pas suffisamment explicite n'est pas considérée comme un recours administratif préalable[296].

Rares sont les situations où ce délai de deux mois est repoussé. La demande et l'obtention de l'aide juridictionnelle sont de nature à interrompre le délai de recours contentieux[297] mais assurément pas, en revanche, la saisine du ministre de la Justice. Dans ce dernier cas, le juge administratif considère qu'il s'agit d'un second recours hiérarchique ne permettant pas de proroger le délai contentieux[298]. La confirmation implicite par le directeur interrégional des services pénitentiaires de la décision prise par le directeur de l'établissement prolongera le délai de recours sous certaines conditions. Ainsi, « à la demande de l'intéressé, formulée dans les délais du recours contentieux, les motifs de toute décision implicite de rejet devront lui être communiqués dans le mois suivant cette demande. Dans ce cas, le délai de recours contentieux contre ladite décision est prorogé jusqu'à l'expiration dans

---

295 TA Marseille 6 oct. 2000, *D.* 2002, chron. p. 118, obs. E. Péchillon.

296 TA Rouen 30 juin 2000, *D.* 2002, chron. p. 118, obs. E. Péchillon.

297 TA Nancy 23 juin 1998, req. n° 97387.

298 CAA Douai 4 avr. 2001, *D.* 2002, chron. p. 118, obs. E. Péchillon.

deux mois suivant le jour où les motifs lui auront été communiqués »[299].

Il ne s'agit plus, pour le détenu, de contester devant le juge la décision du président de la commission de discipline mais celle prise par le directeur interrégional des services pénitentiaires. Cette dernière se substitue à la première[300]. Les juridictions administratives considèrent en effet qu'un détenu ne peut déférer au juge administratif que la seule décision, expresse ou implicite, du directeur interrégional des services pénitentiaires qui se substitue à la sanction initiale. Néanmoins cette substitution ne doit pas empêcher l'intéressé d'invoquer, à l'appui d'un recours dirigé contre la décision du directeur interrégional, les éventuelles irrégularités de la procédure suivie devant la commission de discipline préalablement à la décision initiale[301]. La précision est importante. À défaut de respecter cette règle, de jurisprudence constante, le recours est considéré comme irrecevable[302]. Pour les mêmes raisons, le détenu s'expose au rejet de sa requête s'il porte la contestation devant le juge administratif alors que le directeur interrégional des services pénitentiaires a rapporté la sanction disciplinaire. Sa requête est « entachée d'illégalité

---

299 TA Nantes 29 déc. 2006, req. n° 062197

300 Par. ex. CAA Marseille 12 févr. 2024, req. n° 22MA01318, *D.* 2024, p. 1098, obs. J.P. Céré. Cela revient à purger les vices dont seraient entachées les décisions de la commission de discipline.

301 CAA Lyon, 29 janv. 2015, req. n° 13LY03112, *D.* 2015, p. 1122, obs. M. Herzog-Evans.

302 TA Pau 26 mars 1998, req. n° 95-1129 ; TA Bordeaux 30 juill. 1998, req. n° 9700796 ; TA Poitiers 21 sept. 2000, *D.* 2002, chron. p. 117, obs. E. Péchillon ; TA Bordeaux 22 juin 2004, *D.* 2005, Panorama, p. 998, obs. E. Péchillon ; TA Versailles 4 nov. 2004, req. n° 0403214 ; TA Rouen 28 avr. 2005, req. n° 0202280.

manifeste »[303] et il faut porter devant le directeur interrégional les points de droit qu'il entend contester devant le juge[304].

C. Le contenu du contrôle des sanctions disciplinaires

En rompant avec une jurisprudence traditionnelle, qui s'effritait de plus en plus, le Conseil d'État témoigne d'une prise en compte légitime des droits des personnes détenues. Il n'empêche que le contrôle des sanctions disciplinaires pénitentiaires soulève encore la question des sanctions soumises à une éventuelle censure juridictionnelle. La jurisprudence, tout en apportant des réponses progressives, ne permet pas encore de déterminer avec certitude l'ensemble des sanctions contrôlées (1). Elle offre, par contre, plus d'indications sur le degré du contrôle exercé (2) et sur la possibilité d'obtenir une indemnisation (3).

1. Les sanctions contrôlées

Il est acquis que nombre de décisions sont encore susceptibles de ne point connaître la censure juridictionnelle. Il ne semble pas que la prison puisse se distinguer d'autres types de contentieux. La jurisprudence du juge administratif n'ouvre pas d'une façon générale de recours contre les décisions individuelles dépourvues de toute connotation disciplinaire ou contre d'autres mesures, telles que des circulaires purement interprétatives ou des instructions. Le refus d'une autorité administrative d'accorder une audience à un subordonné, par exemple, n'est pas apprécié par le juge[305]. Le veto d'un chef d'établissement à une demande formulée par un détenu devrait connaître une suite analogue, d'autant plus que l'article R. 314-1 C. pénit. lui impose d'invoquer

---

303 TA Dijon 11 févr. 1997, req. n° 967180 ; TA Melun, 14 mai 1997, req. n° 97171.

304 TA Melun 23 mars 2000, req. n° 99-3657.

305 Cons. d'Et. 12 oct. 1955, *Reix*, Leb., p. 771 ; Cons. d'Et. 29 juill. 1994, *Delestrade*.

« un motif suffisant », tout en le laissant souverain pour l'évaluer.

Placement en cellule disciplinaire. Les sanctions à propos desquelles le juge opère un contrôle véritable méritent une étude plus attentive. Le juge administratif se saisit uniquement des situations portant atteinte aux droits et aux libertés des individus, à leur situation juridique ou statutaire. Le revirement de jurisprudence du Conseil d'État, relativement aux sanctions disciplinaires en prison, a été rendu possible en raison de la « nature » et de la « gravité » de la décision contestée. Le placement en cellule disciplinaire exerce une double contrainte. D'une part, en soumettant le détenu à une période stricte d'isolement, assortie de restrictions supplémentaires (privation de cantine, limitations des visites), elle débouche sur une aggravation notable du régime de détention. D'autre part, cette sanction a pour effet de réduire les possibilités offertes au détenu de bénéficier d'une libération anticipée, en supprimant la perspective d'attribution de certaines mesures d'individualisation de la peine.

Il ne doit pas y avoir lieu de distinguer entre les diverses modalités d'individualisation de cette sanction (sursis, ferme, mixte) puisque, en toute hypothèse, elle induit une perte de réduction de peine et repousse la libération du détenu. Le doute ne prévaut pas non plus à l'égard de la punition de confinement en cellule individuelle ordinaire. Il est patent qu'elle porte aussi en elle les germes d'une aggravation du régime de détention imposé au détenu. Il est donc logique que le juge accepte de contrôler ce type de sanction[306]. Un recours juridictionnel se justifie d'autant plus que l'article R. 234-34 C. pénit. considère la mise en cellule disciplinaire et le confinement en cellule ordinaire comme des sanctions « de même nature ».

---

306 TA Lille 26 févr. 2004, *AJ Pénal* 2004, p. 209

Autres sanctions disciplinaires. Il importe finalement de savoir si toutes les sanctions disciplinaires pénitentiaires comportent autant d'effets sur les droits des détenus que la punition de cellule, au point de les abandonner à l'appréciation du juge.

Pour les autres sanctions, la jurisprudence s'est orientée progressivement vers un contrôle de l'ensemble des sanctions. Dans un premier temps quelques sanctions comme, par exemple, l'avertissement[307] ou un déclassement d'emploi[308] ont été assimilées à des mesures d'ordre intérieur. Mais, par la suite, le juge administratif s'est résolument engagé vers la généralisation des recours contre les sanctions disciplinaires pénitentiaires. Ainsi, la sanction de privation d'activité a été jugée comme pouvant être contestée par la voie contentieuse[309], puis le déclassement d'emploi[310], voire même l'avertissement qui correspond à la sanction la moins grave[311].

La confirmation par le Conseil d'État du contrôle juridictionnel de l'avertissement permet de considérer avec certitude que ce sont bien aujourd'hui toutes les sanctions disciplinaires qui peuvent faire l'objet d'un recours[312]. Or, il est évident que certaines sanctions ne produisent *a priori* que des effets minimes sur la situation du détenu[313]. C'est donc

---

307 TA Paris 17 déc. 1998, req., n° 9617653/5.

308 TA Paris 28 avril 2000, req. n° 9142485/7 ; TA Limoges 13 févr. 2003, req. n° 99 819.

309 TA Dijon 28 déc. 2004, *AJ Pénal* 2005, p. 205, obs. J.P. Céré.

310 TA Versailles 10 mars 2005, *AJ Pénal* 2005, p. 334, obs. J.P. Céré.

311 TA Marseille 21 sept. 2010, *Rev. pénit.* 2010, p. 929, obs. E. Péchillon ; TA Toulouse 8 mars 2005, *AJ Pénal* 2005, p. 334, obs. J.P. Céré

312 Cons. d'Et. 21 mai 2014, req. n° 359672, Dalloz actualité, 28 mai 2014, obs. D. Poupeau ; AJDA 2014, p 1065.

313 La privation d'un téléviseur pour une durée de dix jours à l'encontre d'un détenu mineur a été considérée comme ne mettant pas en cause les libertés et droits fondamentaux des détenus, dès lors que l'intéressé était placé dans

plutôt sur les conséquences mêmes de la sanction disciplinaire qu'il convient de raisonner, que sur ses effets immédiats visibles.

En définitive, le cadre du contrôle juridictionnel du juge administratif est encore loin d'être totalement tracé, quand bien même d'ores et déjà la jurisprudence permet de dégager plusieurs lignes directrices.

2. Le degré du contrôle du juge administratif

Contrôle de l'erreur manifeste d'appréciation. L'arrêt du Conseil d'État *Marie* n'avait pas permis de répondre à la question du degré du contrôle opéré par le juge administratif, puisque le fondement retenu par les autorités pénitentiaires pour prononcer la sanction n'était pas de nature à préciser les contours du contrôle. Nonobstant, il y avait tout lieu de croire qu'il se cantonnerait à un contrôle de l'erreur manifeste d'appréciation. C'est effectivement la voie choisie dans un premier temps par la jurisprudence[314]. Elle permettait de sauvegarder l'autonomie des chefs d'établissements dans l'exercice de leur pouvoir disciplinaire tout en préservant un contrôle de la légalité de la mesure. De la sorte, le juge peut vérifier si une sanction disciplinaire n'apparaît pas comme disproportionnée au regard des faits[315]. Il le fera en analysant rigoureusement les textes. Mais pour se déterminer, il prend en considération le particularisme de chaque affaire et se réfère à l'ensemble des données disponibles comme, par exemple, les pièces du dossier[316] ou

---

des conditions ordinaires de détention. Il s'agit donc d'une mesure d'ordre intérieur, TA Lyon 15 déc. 2009, n° 0708691.

314 V. not. TA Bordeaux 18 juill. 1996, req. n° 9500593 ; TA Marseille, 5 nov. 1996, req. n° 93-1766 ; TA Lyon 17 mars 1998, req. n° 960393.

315 Cons. d'Et. 2 févr. 2000, req. n° 155607 ; TA Marseille 9 nov. 1999, req. n° 9902112.

316 TA Strasbourg 20 févr. 1998, req. n° 953005.

plus précisément les rapports d'incidents[317], la répétition des faits [318] ou encore le comportement antérieur du détenu[319].

Contrôle renforcé. La jurisprudence ultérieure a permis de s'assurer d'un renforcement en deux temps du contrôle opéré par le juge administratif. D'abord, un glissement d'un contrôle cantonné à l'erreur manifeste d'appréciation vers celui de la proportionnalité de la mesure a pu être remarqué[320]. Cette évolution s'est, de surcroît, couplée avec un élargissement du socle normatif, par les références du juge aux dispositions de la convention européenne des droits de l'homme[321]. Ensuite, les personnes détenues ont pu compter sur un contrôle des sanctions disciplinaires plus abouti. Ce principe affirmé à propos de sanctions fiscales[322] s'est propagé aux recours contre les sanctions disciplinaires pénitentiaires. En décidant qu'« il appartient au juge de l'excès de pouvoir (...) de rechercher si les faits reprochés à un détenu ayant fait l'objet d'une sanction disciplinaire constituent des

---

317 TA Clermont-Ferrand 9 févr. 2000, req. n° 9801166.

318 TA Melun 15 oct. 1997, req. n° 96-12297 et TA Melun 15 oct. 1997, req. n° 96-07523, cité *in* V. M. Herzog-Evans et J.P. Céré, La discipline pénitentiaire : naissance d'une jurisprudence, *D.* 1999, p. 516. Dans une autre affaire, c'est le lourd passé pénal du requérant qui a conduit le juge administratif à considérer que la sanction n'était pas manifestement disproportionnée, TA Clermont-Ferrand 22 févr. 2007, req. n° 37-05-02-01.

319 TA Nice 20 mai 2003, *D.* 2004, p. 1099, obs. J.P. Céré.

320 En ce sens, F. Février, Jurisprudence administrative et discipline pénitentiaire le sillage et le sillon, *in* Le droit de l'exécution des peines. Une jurisprudence en mouvement, *Rev. Pénit.* 2007, n° spécial, p. 21.

321 V. F. Février, *ibid.*, p. 17. Cette perspective n'était toutefois pas complètement dégagée. V. pour le maintien d'un contrôle restreint, Cons. d'Et 20 mai 2011, req. n° 326084, *AJDA* 2011, p. 1056, et 1364, chron. X. Domino et A. Bretonneau ; *AJ pénal* 2012, p. 177, obs. M. H-Evans ; *Rev. Sc. crim.* 2012, p. 208, chron. P. Poncela ; V. aussi, Cons. d'Et. 4 févr. 2013, req. n° 344266, *D.* 2013, p. 1304, obs. M. H-Evans ; *AJDA* 2013, p. 321 ; Dalloz actualité, 16 févr. 2013, obs. M.-C. de Montecler.

322 CE, ass., 16 févr. 2009, *Sté Atom*, *AJDA* 2009, p. 583, chron. S.-J. Liéber et D. Botteghi ; *AJ Pénal* 2009, p. 189, note E. Péchillon ; *RFD adm.* 2009, p. 259, concl. C. Legras.

fautes de nature à justifier une sanction et si la sanction retenue est proportionnée à la gravité de ces fautes », l'intensité du contrôle s'est alignée sur les autres contentieux disciplinaires[323]. Sur le fondement de cette jurisprudence, le juge administratif doit se livrer à un contrôle minutieux de la qualification juridique des faits retenus par l'autorité disciplinaire pour établir l'existence d'une faute[324]. Sans atteindre le niveau du recours de pleine juridiction, puisque le contrôle des sanctions disciplinaires pénitentiaires reste dans la circonférence du recours pour excès de pouvoir, la jurisprudence a rendu le contrôle nettement plus opérationnel. Il appartient désormais au juge d'examiner la proportionnalité de la sanction disciplinaire et d'en modifier le contenu dans la mesure où il l'estimerait disproportionnée ; ce qui doit conduire les commissions de discipline à motiver plus scrupuleusement le choix du placement en cellule disciplinaire et le quantum retenu.

Notons encore que le juge conserve une liberté certaine pour apprécier les charges disciplinaires pesant sur le détenu qui, poursuivi pour les mêmes faits devant les juridictions pénales, obtient un classement sans suite par le parquet. À ce stade, le pénal n'a pas autorité sur le disciplinaire et la sanction prononcée par le président de la commission de discipline peut se trouver confirmée par le juge administratif[325]. Il doit en aller autrement, au nom de l'autorité de la chose jugée, comme nous l'avons déjà vu, en cas de reconnaissance de l'innocence de l'individu par une juridiction pénale.

---

323 Cons. d'Et. 1er juin 2015, req. n° 380449, *AJDA* 2015, p. 1071, et 1596, concl. A. Bretonneau ; *AJ pénal* 2015. 447, obs. E. Péchillon ; *D.* 2016, p. 12204 obs. J.P. Céré. ; *RFD adm.* 2016, p. 1212, note D. Pollet-Panoussis.

324 CAA Nancy 16 déc. 2021, req. n° 19NC03701, D. 2022, p. 1065, obs. J.P. Céré.

325 TA Rouen 22 mars 2000, req. n° 981792.

Limites du recours. En dépit de son intérêt, le recours devant les juridictions administratives reste encore sujet à de nombreuses limites qui en restreignent la portée. Le juge administratif n'exerce qu'un contrôle de la légalité de la sanction prise. Dès lors, les conséquences juridiques d'une décision administrative ne relèvent pas nécessairement de l'appréciation de la légalité et, par exemple, le lien qui existe entre le prononcé d'une sanction disciplinaire et le retrait des réductions de peine est souvent éludé par le juge administratif[326]. Y compris au sein des juridictions administratives, des voix se sont élevées en faveur d'un contrôle plus poussé[327].

Même lorsque le recours aboutit favorablement pour le détenu, les effets restent très modérés[328]. D'un point de vue pratique, le recours administratif préalable devant le directeur interrégional des services pénitentiaires repousse l'examen juridictionnel de la sanction disciplinaire par le juge administratif. Dès lors, la plupart du temps, la peine disciplinaire est définitivement exécutée quand la requête parvient au juge, ce qui rend la requête sans objet[329]. Il reste alors au détenu à formuler une requête en indemnisation.

---

326 TA Poitiers 18 avr. 2002, *D.* 2003, Chron. p. 922, obs. E. Péchillon.

327 V. B. Chemin, concl. Sous CAA Bordeaux 2 mai 2002, *Petites affiches*, 9 déc. 2002, n° 245, p. 15.

328 V. not. Sur les recours, A. Tremoliere, La prison et ses juges : la détention à l'épreuve du dualisme juridictionnel, *RFD adm.* 2017, p. 731 ; J. Falxa, Regards comparés sur le droit au recours effectif en matière pénitentiaire », *AJ Pénal*, 2015, p. 358 ; X. Domino et A. Bretonneau, *Custodire ipso custodes* : le juge administratif face à la prison, *AJDA* 2011, p. 1364 ; S. Gauché, À la recherche du recours effectif : responsabilité et référés en droit pénitentiaire, *AJDA* 2017, p. 1837.

329 TA Strasbourg 10 juin 1996, req. n° 96921 ; TA Marseille 4 mars 1998, req. n° 97-7354 et 97-7355.

3. L'ouverture du droit à indemnisation

Admission du droit à indemnisation. Compte tenu des délais de recours, tant hiérarchique que juridictionnel, le bénéfice éventuel d'une annulation d'une sanction disciplinaire est limité pour le détenu. Toutefois, l'annulation de la sanction rend l'exécution de celle-ci illégale. Dès lors le détenu qui a purgé la sanction peut espérer obtenir, devant le juge administratif, une indemnisation consécutive au préjudice subi.

Conditions du droit à indemnisation. Le versement d'une indemnité en réparation pour préjudice subi est subordonné à la démonstration que la décision infligeant une sanction disciplinaire soit affectée d'un vice de procédure. Saisi d'une demande en indemnisation, le juge administratif doit alors rechercher au préalable la nature de l'irrégularité et si elle était susceptible d'avoir exercé une influence sur le principe ou le *quantum* de la sanction retenue[330]. Le droit à réparation peut ainsi naître de la violation des droits de la défense et du préjudice moral qui en résulte[331]. L'octroi d'une indemnisation est également envisageable pour un placement fautif en cellule disciplinaire à titre préventif[332]. Mais, dès lors que le juge estime que les sanctions sont légalement justifiées sur le fond et revêtent un caractère proportionné, le détenu ne peut espérer recevoir une indemnisation. Ainsi, le retrait

---

330 Cons. d'Et. 18 nov. 2015, req. n° 380461, *AJDA* 2015, p. 2236 ; *Dalloz actu.* 26 nov. 2015, obs. J.M. Pastor. V. aussi pour l'octroi d'une indemnité à raison d'un, Cons. d'Et. 14 mars 2011, req. n° 308167, *D.* 2011. 1307, obs. Péchillon ; *Rev. pénit.* 2011. 413, obs. J.P. Céré.

331 TA Rouen 30 juill. 2004, *AJ Pénal,* 2004, p. 414, obs. M. Herzog-Evans (indemnisation pour perte de chance, l'intéressé ayant comparu sans que l'avocat qu'il avait sollicité ne se soit déplacé car l'établissement pénitentiaire avait utilisé un numéro erroné) ; V. aussi T Limoges 30 nov. 2006, req. n° 0400518 et 04000826 ; TA Clermont-Ferrand 28 déc. 2006, req. n° 051103.

332 Cons. d'Et. 14 mars 2011, req. n° 308167, *D.* 2011. 1307, obs. E. Péchillon ; *Rev. pénit.* 2011. 413, obs. J.P. Céré.

d'une sanction disciplinaire en raison d'une irrégularité ne lui cause pas nécessairement un préjudice si la sanction était légalement fondée[333].

La limitation d'un droit général de recours à un droit de réparation n'est guère justifiable. Le droit de recours doit passer par un caractère d'effectivité, que commande la jurisprudence de la Cour européenne des droits de l'homme.

Section 2. Les recours devant la cour européenne des droits de l'homme

Les dispositions de la Convention européenne de sauvegarde des droits de l'homme sont certes, depuis longtemps, directement invocables par les détenus [334] et la protection des droits des détenus est de plus en plus perceptible à l'échelle européenne[335]. Le domaine disciplinaire pénitentiaire n'échappe pas à cette aspiration jurisprudentielle, que ce soit sous l'angle de l'interdiction de la torture, des traitements inhumains ou dégradants (§ 1), sous celui du droit à un procès équitable (§ 2) ou, encore, du droit à un recours (§ 3).

---

333 Cons. d'Et. 21 nov. 2018, req. n° 410722, *AJDA* 2019, p. 915.

334 V. not. F. Tulkens, Droits de l'homme et prison. La jurisprudence de la nouvelle Cour européenne des droits de l'homme, *in* J.P. Céré (Dir.), *Panorama européen de la prison*, Ed. L'Harmattan, 2002, p. 29 et s.

335 L'adoption de nouvelles règles pénitentiaires européenne y participe. P. Darbeda, Le renouveau des règles pénitentiaires européennes, *Rev. pénit.* 2006, p. 655 ; J.P. Céré, Les nouvelles règles pénitentiaires européennes. Un pas décisif vers une protection globale des droits des détenus, *Rev. pénit.* 2006, p. 415 ; A. Beziz-Ayache, Les nouvelles règles pénitentiaires européennes, *AJ Pénal* 2006, p. 400 ; P. Poncela, L'Harmonisation des normes pénitentiaires européennes, *Rev. sc. crim.* 2007, p. 12. Adde J. Murdoch, Le traitement des détenus. Critères européens, *Les Éditions du conseil de l'Europe*, 2007, 424 p

§ 1. Le placement en cellule disciplinaire et la notion de traitement inhumain et dégradant

Conventionnalité de principe. Le régime de la cellule disciplinaire, nonobstant ses assouplissements apportés au fil des ans pénitentiaires, reste une sanction d'autant plus rigoureuse, qu'elle s'exécute dans des conditions matérielles pour le moins austères.

Une telle sanction peut-elle être assimilable à un traitement inhumain et dégradant au sens des dispositions de l'article 3 de la Convention européenne des droits de l'homme ? Le placement en cellule disciplinaire correspond à une spécificité que ne connaissent pas tous les États membres du conseil de l'Europe. Dans de nombreuses législations pénitentiaires, l'isolement à titre disciplinaire s'accomplit dans une cellule ordinaire[336].

Nonobstant la situation du droit pénitentiaire français, en l'état, des décisions rendues par la Cour européenne des droits de l'homme, le placement en cellule disciplinaire ne peut constituer en lui-même un traitement inhumain et dégradant. Selon une jurisprudence bien assise, seules les expositions dépassant un seuil de gravité minimal génèrent

---

336 V. J.P. Céré et C.E. Japiassú (dir.), *Les systèmes pénitentiaires dans le monde*, Dalloz, 3e éd., 2017.

une violation de l'article 3 de la Convention[337]. Des décisions anciennes avaient estimé que des isolements de cette nature n'étaient pas couverts par l'article 3[338]. L'adoucissement du régime de cette sanction – notamment, en derniers lieux, la possibilité de recevoir une visite et d'effectuer un appel téléphonique par semaine - permet de considérer que cette sanction n'apporte qu'un aménagement aux conditions de détention de droit commun. Cette issue est confirmée par la Cour européenne des droits de l'homme[339].

Inconventionnalité par exception. Néanmoins, des circonstances particulières peuvent attraire une sanction disciplinaire dans le champ de l'article 3. C'est ainsi, d'abord, que la cour a considéré comme un traitement et une peine inhumains et dégradants la condamnation à quarante-cinq jours de cellule disciplinaire pour un détenu souffrant de troubles psychiques avérés et présentant des risques suicidaires. Il appartient en effet aux autorités pénitentiaires de s'assurer de la compatibilité de l'état de l'intéressé avec les exigences d'un traitement inhumain. Dans cette affaire, le

---

337 Sur cette application de l'article 3 en prison, V. not. F. Tulkens, Droits de l'homme et prison, Jurisprudence de la nouvelle Cour européenne des droits de l'homme *in* O. De Schutter et D. Kaminski (dir.), L'institution du droit pénitentiaire, Bruylant/LGDJ, 2002, p. 249 ; J.M. Larralde, L'article 3 de la CEDH et les personnes privées de liberté, *in* La portée de l'article 3 de la Convention européenne des droits de l'homme, éd. C-A Chassain, Bruxelles, 2006 ; A. Gouttenoire, Les droits de l'homme en prison, *Rev. pénit.* 2005, p. 107 ; A. Kovler, L'application des peines à la lumière de l'article 3 de la Convention européenne des droits de l'homme, *in* Le droit de l'exécution des peines. Une jurisprudence en mouvement, *Rev. pénit.* 2007, n° spécial, p. 165 ; M. Moliner-Dubost, Le point sur la compatibilité du placement à l'isolement des détenus avec l'article 3 de la Convention européenne, *AJ Pénal,* 2007, p. 161 ; B. Ecochard, L'émergence d'un droit à des conditions de détention décentes garanti par l'article 3 de la Convention européenne des droits de l'homme, *RFD adm.* 2003, p. 99 ; B. Belda, L'innovante protection des droits du détenu élaborée par le juge européen des droits de l'homme, *AJDA* 2009, p. 406.

338 Par ex. Comm. EDH 6 avr. 1994, *Peters c/ Pays-Bas*, DR 77-A

339 CEDH 20 janv. 2011, *Payet c/ France*, *D.* 2011, p. 643, note JP. Céré ; *AJ pénal* 2011, p. 88, obs. M. Herzog-Evans.

prononcé de cette sanction ne laissait pas apparaître une prise en compte de l'état psychique du détenu, qui d'ailleurs s'était suicidé au quartier disciplinaire[340]. Cette condamnation devrait unifier la jurisprudence administrative, qui jusqu'à alors, sans viser expressément l'article 3 de la convention, apparaissait divisée[341]. Certaines décisions admettaient l'annulation du placement en cellule disciplinaire au regard de l'état psychiatrique du détenu tandis que d'autres en refusaient le principe en considérant notamment que les dispositions de l'article 122-2 du Code pénal inapplicables à la procédure disciplinaire pénitentiaire[342]. Le placement au quartier disciplinaire de détenus souffrant de troubles mentaux n'est finalement que le reflet exacerbé des difficultés générales qui se posent pour concevoir une réponse adaptée à une catégorie de sujet dont la place n'est pas forcément en prison[343]. Les circonstances particulières permettant de dépasser le seuil de gravité de l'article 3 peuvent encore se retrouver en cas de mauvaises conditions matérielles de détention au sein de la cellule disciplinaire. Dans ce cas, un traitement inhumain et dégradant peut être relevé[344].

§ 2. La procédure disciplinaire pénitentiaire et le droit à un procès équitable

Caractère autonome de l'article 6 Conv. EDH. L'article 6 de la Convention européenne de sauvegarde des droits de l'homme dispose que « toute personne a droit à ce que sa cause soit entendue équitablement, publiquement [...] par un

340 CEDH 16 oct. 2008, *Renolde c/ France*, *AJ Pénal* 2009, p. 41, obs. J.P. Céré ; *JCP G, II, 10196*, note B. Belda. V. aussi en ce sens pour une sanction de sept jours d'isolement dans le quartier disciplinaire et vingt-huit jours de détention supplémentaires jours, CEDH 3 avr. 2001, *Keenan c/ Royaume-Uni*, JCP G, 1, 342, chron. F. Sudre ; *D.* 2002, p. 118, obs. J.P. Céré.

341 TA Marseille 28 nov. 2006, req. 0405532.

342 TA Nantes 7 déc. 2006, req. n° 0564.

343 V. J.P. Céré, *La prison*, Dalloz, 2e éd. 2016, p. 138.

344 CEDH 20 janv. 2011, *Payet c/ France*, préc.

tribunal indépendant et impartial, établi par la loi, qui décidera du bien-fondé [...] de toute accusation en matière pénale dirigée contre elle ».

Selon un sens propre à la Convention, l'accusation en matière pénale est une notion autonome déliée des qualifications de droit interne. Ce dernier s'avère donc inopérant, tant pour la question de savoir si une personne a été « accusée », que pour celle de savoir si l'accusation concerne une infraction « pénale »[345]. Les sanctions disciplinaires n'échappent pas à cette interprétation autonome. En effet, la démarcation qu'un État peut établir entre le droit pénal et le droit disciplinaire n'a aucune incidence décisive en ce qui concerne l'application de la Convention[346]. L'importance des indications fournies par le droit national demeure somme toute assez relative. C'est par la prise en compte de trois critères alternatifs que les organes de la Convention fixent leur jurisprudence et font entrer une sanction disciplinaire dans le champ de protection de l'article 6[347].

Application de l'article 6 aux sanctions disciplinaires pénitentiaires : volet pénal. La Cour européenne a déjà été saisie de quelques affaires à propos desquelles l'article 6 de la Convention européenne des droits de l'homme a été appliqué aux sanctions disciplinaires pénitentiaires. Le premier arrêt, *Campbell et Fell c/ Royaume-Uni* apporte un témoignage des plus éclairants sur la question de l'application de l'article 6 à la matière disciplinaire pénitentiaire. M. Campbell avait participé à une mutinerie et blessé un surveillant avec un manche à balai. Reconnu coupable, il fut condamné par les instances disciplinaires à une perte de 570 jours de remise

---

345 Par. ex. CEDH, 27 févr. 1980, *Deweer c/ Belgique*, série A, n° 35, § 42.

346 CEDH, 28 juin 1984, *Campbell et Fell c/ Royaume-Uni*, série A, n° 80, §§ 67 à 74.

347 Sur le contenu de ces critères, V. not. J.F. Renucci, *Droit européen des droits de l'homme*, LGDJ, 9e éd. 2021 ; J. Pradel, G. Corstens et G. Vermeulen, *Droit pénal européen*, Dalloz, 3e éd. 2009, p. 378 et s.

de peine et 91 jours de privilèges. L'intéressé soutenait avoir été poursuivi pour une accusation disciplinaire qui relevait, selon lui, de la matière pénale au sens de la Convention. Il se prévalait en conséquence du non-respect des exigences d'un procès équitable posées à l'article 6. Bien que la Cour ait estimé que la commission des visiteurs, ayant infligé au requérant les sanctions disciplinaires, présentait les caractéristiques d'un tribunal impartial, elle décide que l'article 6 de la Convention était bien applicable en l'espèce. Les poursuites engagées contre ce détenu revêtaient une nature pénale.

En ce qui concerne le retrait des remises de peine, la Cour se réfère au droit interne de l'État mis en cause. Dans l'affaire *Campbell*, elle estime que « sauf perte de remise de peine prononcée sur le terrain disciplinaire, le détenu a des raisons légitimes d'attendre sa libération avant la fin de la période d'emprisonnement à purger. La perte de remise de peine aboutit donc à prolonger la détention au-delà du terme envisagé. Celle qu'il risquait de subir et celle qu'il a effectivement subie impliquaient de si lourdes conséquences pour la durée de son emprisonnement qu'il faut les considérer comme pénales aux fins de la convention ». Bien plus, « la restitution ultérieure d'un grand nombre de jours de remise de peine ne change rien à cette conclusion »[348]. L'importance, en l'espèce, du nombre de jours de perte de remise de peine apparaissait donc nettement déterminante pour la Cour.

Dans une décision ultérieure[349], la requête d'un détenu poursuivi à titre disciplinaire pour une prise d'otage à l'intérieur de la prison a été recevable alors même qu'il avait été condamné à une perte de remise de peine de 56 jours. Cette jurisprudence de la Cour s'est trouvée parachevée ensuite

---

348 Arrêt *Campbell et Fell*, préc., § 72

349 Comm. EDH déc. du 16 févr. 1993, *Delazarus c/ Royaume-Uni*, req. n° 17525/90.

dans l'affaire Ezeh et Connors. Il s'agissait, cette fois, de deux détenus sanctionnés à titre disciplinaire, pour l'un de quarante jours et pour l'autre de sept jours additionnels de détention. Or, pour la cour, l'article 6 de la Convention doit s'appliquer pour de telles sanctions disciplinaires et celles-ci doivent être prononcées au terme d'un procès équitable, au sens de l'article 6. Dans cette affaire, la Grande-Bretagne a été condamnée car les détenus n'avaient pu bénéficier de l'assistance d'un avocat durant l'instance disciplinaire[350]. L'applicabilité de l'article 6 de la Convention européenne des droits de l'homme a entraîné encore la Cour, à prononcer une condamnation en raison du cumul des fonctions disciplinaires exercées par le personnel pénitentiaire (accusation, poursuite, jugement). La juridiction disciplinaire ne peut dans ce cas être considérée comme indépendante et impartiale[351]. C'est, en réalité, toutes les garanties du droit à un procès équitable qui pénètrent le procès disciplinaire, dès lors que l'applicabilité de l'article 6 de la Convention européenne des droits de l'homme est reconnue[352].

Le seuil d'attraction pénal de l'article 6 de la convention européenne reste placé à un seuil suffisamment élevé, de sorte que la plupart des mesures disciplinaires prises à l'encontre des détenus n'atteignent pas le niveau d'une accusation en

---

350 CEDH, 9 oct. 2003, *Ezeh et Connors c/ Royaume-Uni*, *Dr. pén.* juin 2004, p. 6, note E. Vergès ; *AJ Pénal* 2004, p. 6, obs. J.P. Céré.

351 CEDH, 12 avr. 2005, *Whitfield et autres c/ Royaume-Uni*, *D.* 2006, p. 1082, obs. J.P. Céré ; CEDH 16 janv. 2007, *Black c/ Royaume-Uni*, n° 56745/00 ; CEDH 16 janv. 2007, *Young c. Royaume-Uni*, n° 60682/00 ; Comp. TA Nantes 21 déc. 2006, req. n° 051584 et TA Nantes 29 déc. 2006, req. n° 051587. Dans ces espèces, le juge administratif considère qu'il ne saurait être utilement allégué « la méconnaissance du principe applicable à la procédure pénale de séparation des poursuites, de l'instruction et du jugement à l'encontre d'une sanction disciplinaire non soumise à cette procédure ».

352 V. par ex. pour un refus d'auditionner des codétenus, CEDH 7 juin 2018, *Kartvelishvli c. Géorgie*, n° 17716/08, *AJ Pénal* 2018, p. 430, obs. M. H-Evans.

matière pénale. Ainsi, une punition de cellule ne dépasse pas à elle seule le degré de sévérité requis pour l'application de l'article 6[353], de même qu'un confinement en cellule de sept jours[354] ou encore une sanction de restriction de mouvement à l'intérieur de la prison et de contacts avec l'extérieur pour une durée de trois mois[355]. La cour ne voit pas dans cette sanction une modification de la base légale de la privation de liberté, mais une simple aggravation des conditions de détention. Le Conseil d'État, à l'unisson de cette jurisprudence, estime que « eu égard à la nature et au degré de la gravité des sanctions disciplinaires encourues par les personnes détenues, qui n'ont, par elles-mêmes, pas d'incidence sur la durée des peines initialement prononcées, les poursuites disciplinaires engagées à leur encontre ne sauraient être regardées comme une accusation en matière pénale au sens de l'article 6 Conv. EDH »[356]. En conséquence, un détenu ne peut invoquer une violation de l'article 6 de la Convention sur le seul fondement du prononcé d'une mise en cellule disciplinaire. Il lui appartient de démontrer que la sanction contestée a provoqué une modification de la durée de sa privation de liberté, par exemple en motivant un retrait de réduction de peine, sans prétendre toutefois y parvenir en invoquant de façon générale les dispositions de l'article 721 du code de procédure pénale qui prévoient les conditions de retrait de réduction de peine pour mauvaise conduite.

Application de l'article 6 aux sanctions disciplinaires pénitentiaires : volet civil. Ce champ pénal n'est pas limitatif. Il convient de compter également avec la faculté de

---

353 CEDH 20 janv. 2011, *Payet c/ France*, *D.* 2011, p. 643, note J.P. Céré ; V. déjà Comm. EDH déc. 15 mai 1980, *Mc Feeley et al. c/ Royaume-Uni*, req. n° 8317/78, *DR* 20, §§ 100-101 (punition de 3 jours pour l'un des requérants, de 25 jours pour un autre)

354 CEDH 8 nov. 2007, *Štitić c/ Croatie*, n° 29660/03, § 56.

355 CEDH 8 nov. 2007, *Štitić c/ Croatie*, préc., § 61.

356 Cons. d'Et. 23 nov. 2022, req. n° 457621, *D.* actu. 5 déc. 2022, obs. M. Dominati.

recourir au volet civil de l'article 6 de la convention européenne qui induit également de respecter les règles du procès équitable. Or, la cour a pu considérer que certaines sanctions disciplinaires pénitentiaires, sans affecter le terme de l'emprisonnement prononcé, pouvaient entraîner une application de l'article 6. C'est ainsi que la sanction disciplinaire de restriction du droit de recevoir des visites durant une année a été considérée comme portant sur « des droits et des obligations de caractère civil ». Ce faisant, le détenu devait bénéficier d'un procès équitable au sens de l'article 6, ce qui n'avait pas été le cas, faute pour la commission de discipline d'avoir tenu une audience publique alors même que les moyens de défense de l'intéressé n'avaient été pris en considération que peu de temps avant cette audience et qu'il n'avait pu se faire assister par un avocat[357].

La jurisprudence de la Cour concerne à l'évidence le droit français et ne manque pas de poser la question de la compatibilité du procès disciplinaire pénitentiaire avec cet article 6[358]. La réponse est assurément tranchée pour ce qui concerne l'article 13 de la convention.

§ 3. Le droit disciplinaire pénitentiaire et le droit à un recours réel et effectif

D'après l'article 13 de la Convention européenne des droits de l'homme « toute personne dont les droits et libertés reconnus dans la présente convention ont été violés a droit à l'octroi d'un recours effectif devant une instance nationale,

---

357 CEDH 20 mai 2008, *Gülmez c/ Turquie, Rev. pénit.* 2008, p. 416, obs. J.P. Céré.

358 Ce lien indéfectible entre la sanction disciplinaire et la perte de réduction de peine est incontournable ; le critère unique de retrait étant la mauvaise conduite, V. par ex. pour un retrait de 80 jours de crédit de réduction de peine à un condamné au motif qu'il avait été plusieurs fois sanctionné par la commission de discipline, Cass. crim. 24 janv. 2007, *AJ Pénal* 2007, p. 290.

alors même que la violation aurait été commise par des personnes agissant dans l'exercice de leurs fonctions officielles ».

Dans un premier temps, la protection de l'article 13 ne jouait que si le requérant arrivait à démontrer la violation d'un autre article de la Convention. Dans un second temps, la cour a rendu plus autonome l'article 13, en acceptant des cas de violation de la Convention établis sur la seule base du non-respect de l'article 13. Ce faisant, la jurisprudence a « autonomisé » cet article en permettant de s'en prévaloir sans le secours d'un autre article de la convention[359]. Ainsi, la cour a-t-elle déjà admis une violation de l'article 13 en matière pénitentiaire au motif, qu'avant 2003, le placement à l'isolement n'était pas soumis à un contrôle du juge, sans pour autant s'appuyer sur l'article 3, qui était également invoqué[360]. L'invocation de l'article 13 ne peut cependant prospérer que sous réserve d'apporter un grief défendable de violation de l'article 3 de la convention. Le seul placement en cellule disciplinaire ne répond pas à cette condition[361].

La finalité de l'article 13 est de remédier à la source violation de la Convention. Dès lors un mécanisme de contrôle interne à l'État doit exister et le recours doit présenter un caractère d'effectivité, afin de permettre à l'individu de contester concrètement la violation alléguée. Or, le juge européen ne reconnaît pas, *a priori*, aux recours administratifs ce caractère d'effectivité. Il est nécessaire que l'autorité possède de réels pouvoirs et que celle ci soit suffisamment indépendante par rapport à l'organe à l'origine de la décision contestée. La mise en perspective de l'obligation de recours administratif préalable pour contester une sanction discipli-

---

359 V. F. Sudre, J.P. Marguénaud, J. Andriantsimbazoniva, A. Gouttenoire, M. Levinet, Les grands arrêts de la Cour européenne des droits de l'homme, PUF, 4e éd. 2007, 816 p.

360 CEDH 27 janv. 2005, *Ramirez Sanchez c/ France*, préc.

361 CEDH 11 oct. 2018, *Mazziotti c. France*, n° 65089/13, *AJ Pénal* 2018, p. 591, obs. J. Falxa ; *D.* 2019, p. 1074, obs. J.P. Céré.

naire avec l'article 13 de la convention devenait cruciale, même si la jurisprudence récente de la Cour européenne laissait planer de moins en moins de doute.

Comme l'article 13 impose le droit « à l'octroi d'un recours effectif », la Cour a considéré que l'absence de possibilité de contestation rapide d'une sanction disciplinaire, au Royaume-Uni, violait l'article 13 de la Convention[362]. Cette décision laissait planer un constat d'inconventionalité du droit disciplinaire pénitentiaire. Celui-ci est devenu réalité. La cour estime « que, compte tenu de l'importance des répercussions d'une détention en cellule disciplinaire, un recours effectif permettant aux détenus de contester aussi bien la forme que le fond, et donc les motifs, une telle mesure devant une instance juridictionnelle est indispensable »[363]. Nonobstant, et en dépit des conditions d'admission particulièrement restrictives du recours en référé, le Conseil d'État estime que « l'ensemble des voies de recours ainsi offertes à la personne détenue lui garantit le droit d'exercer un recours effectif, susceptible de permettre l'intervention du juge en temps utile, alors même que son exercice est par lui-même dépourvu de caractère suspensif ; qu'il suit de là que le moyen tiré de la violation des stipulations de l'article 13 de la Convention européenne doit être écarté »[364].

---

362 CEDH 3 avr. 2001, *Keenan c/ Royaume-Uni*, req. n° 27229/95, D. 2002, p. 118, obs. J.P. Céré (moyenne de traitement des recours de six semaines).

363 CEDH 20 janv. 2011, *Payet c/ France*, § 133, *D.* 2011, p. 643, note J.P. Céré ; *AJ pénal* 2011, p. 88, obs. M. Herzog-Evans. ; CEDH 3 nov. 2011, *Cocaign c/ France*, et CEDH 10 nov. 2011, *Plathey c/ France*, *D.* 2012, p. 1303, obs. J.-P. Céré ; *AJ pénal* 2011, p. 605, obs. J.-P. Céré ; *Rev. Sc. crim.* 2012, p. 208, chron. P. Poncela, et 263, obs. J.-P. Marguénaud.

364 Cons. d'Et. 28 déc. 2012, req. n° 357494, *D.* 2013, p. 1304, obs. J.P. Céré

Conclusion

La mutation entreprise par la matière disciplinaire en prison est incontestable. L'arrêt de principe du Conseil d'État du 17 février 1995 a permis aux recours contre les sanctions disciplinaires de prospérer. La réforme intervenue le 2 avril 1996 a modifié en substance le régime disciplinaire applicable aux détenus et l'arrivée des avocats en prison depuis le 1er novembre 2000 a incorporé définitivement la matière au droit commun. La loi pénitentiaire du 24 novembre 2009 et ses décrets d'applications du 23 décembre 2010 ont poursuivi cette évolution en renforçant notamment le formalisme de l'enquête disciplinaire et en allongeant le délai de préparation de la défense. La codification de la matière pénitentiaire en 2022 a consacré, de façon plus générale, cette reconnaissance. Ces changements étaient espérés. La discipline pénitentiaire a longtemps poursuivi un but exclusif : la préservation de l'ordre intérieur des établissements. Pour y parvenir, l'autorité répressive était dispensée de se référer à l'égalité comme à la proportionnalité. L'apparence légaliste du droit pénitentiaire concédait en fait une marge de manœuvre suffisante pour ne pas risquer de heurter les options punitives choisies. Le pouvoir disciplinaire s'exerçait de façon discrétionnaire. Les contours désormais législatifs du droit disciplinaire et la réglementation actuelle annoncent, sans renier l'objectif de maintien de l'ordre - prégnant dans le décret du 13 février 2019 -, une autre conception. La soumission de la matière disciplinaire au principe de légalité et la recherche de la proportionnalité des sanctions confirment la conversion vers un authentique droit disciplinaire pénétré par plus de justice, d'équité et de transparence.

Des progrès indéniables restent cependant encore à accomplir. La réglementation est silencieuse sur les droits du détenu poursuivi devant la commission de discipline à satisfaire sa demande d'audition de témoins. Le président de la commission de discipline, qui n'est autre que le chef d'établissement, demeure tout autant souverain dans la conduite de l'audience qu'auparavant. Il cumule les fonctions d'autorité de poursuite, d'instruction, de jugement et d'exécution de la sanction. Le droit positif conserve cette architecture procédurale.

Bien sûr, le détenu se voit confirmer le droit d'intenter un recours juridictionnel, comme l'y invitait la jurisprudence administrative. Mais l'intérêt d'une telle action est amoindri par le recours hiérarchique obligatoire devant le directeur interrégional des services pénitentiaires. La voie hiérarchique préalable, imposée au détenu, influe inéluctablement sur l'intérêt à soumettre l'affaire au juge administratif. La punition sera définitivement subie avant qu'il puisse examiner le litige. L'hésitation sur l'effectivité du recours juridictionnel n'est donc guère permise, le juge ne pouvant pas statuer dans un délai raisonnable. Cette situation peut sembler incompatible avec l'article 13 de la Convention européenne des droits de l'homme. Ce constat se combine avec des insuffisances quant au respect du droit à un procès équitable, alors que le caractère de gravité de certaines sanctions pourrait militer en faveur de l'application des dispositions de l'article 6 de la Convention européenne des droits de l'homme au droit disciplinaire en prison[365].

---

365 V. J.F. Renucci, *Droit européen des droits de l'homme*, LGDJ, 8e éd. 2019 ; J.P. Céré, L'article 6 de la Convention européenne des droits de l'homme et le procès disciplinaire en prison, *JCP* éd. G., 2001.I.316 ; J.P. Céré, Le procès équitable et le droit de la prison, *Rev. Pénit.* 2007, n° spécial, p. 95 ; J.P. Céré, Le droit disciplinaire pénitentiaire entre jurisprudence interne et européenne, *AJ Pénal* 2005, p. 393 ; A. Gouttenoire, Les droits de l'homme en prison, *Rev. pénit.* 2005, p. 107 ; E. Vergès, note sous Cour EDH, 9 oct. 2003, *Ezeh et Connors c/ Royaume-Uni*, *Dr. pén.* juin 2004, p. 6 ; P. Poncela, La discipline carcérale dans la tourmente, Rev. sc. crim. 2001, spéc. 877 et s.

Derrière ces perspectives se cache un autre enjeu. Le droit disciplinaire pénitentiaire a dépassé le stade des premiers balbutiements. Un véritable droit jurisprudentiel s'est construit. Les nombreuses décisions de jurisprudence permettent de préciser les contours de l'action disciplinaire et les droits de la défense des détenus. Mais cette réalité est porteuse de ses propres insuffisances et le droit disciplinaire pénitentiaire devrait connaître encore d'autres changements[366]. La prison, lieu d'exécution de la peine privative de liberté, vit de moins en moins en marge du droit et doit composer avec une multiplicité de contrôles[367]. Le renvoi aux dispositions de la Convention européenne des droits de l'homme, principalement à celles de l'article 6 et de l'article 13, doit amener à franchir un nouveau palier décisif vers l'avènement d'un droit disciplinaire pénitentiaire empreint de plus de légalité et de justice.

---

366 F. Février, Jurisprudence administrative et discipline pénitentiaire : le sillage et le sillon, *Rev. Pénit.* 2007, n° spécial, p. 20.

367 J. Ch. Froment, Citoyenneté et légitimation démocratique de la prison. Quelques réflexions sur les évolutions du contrôle de l'enfermement, *in* A quoi sert la prison ? En quête de prison républicaine, enquête sur la prison contemporaine, *Cahiers de la sécurité intérieure*, n° 12, 2010, p. 42 ; A. Valloton, La protection de la dignité en prison – brève approche analytique des agences de régulation en Europe, *in* J. Ch. Froment et M. Kaluszynski (dir.), *L'administration pénitentiaire face aux principes de la nouvelle gestion publique*, PUG, 2011, p. 203.

Annexes

Les fautes disciplinaires

Fautes du 1er degré	
Exercer ou tenter d'exercer des violences physiques à l'encontre d'un membre du personnel ou d'une personne en mission ou en visite dans l'établissement	art. R. 232-4 1° C. pénit.
Exercer ou tenter d'exercer des violences physiques à l'encontre d'une personne détenue	art. R. 232-4 2° C. pénit.
Opposer une résistance violente aux injonctions des personnels	art. R. 232-4 3° C. pénit.
Obtenir ou de tenter d'obtenir par violence, intimidation ou contrainte la remise d'un bien, la réalisation d'un acte, un engagement, une renonciation ou un avantage quelconque	art. R. 232-4 4° C. pénit.
Commettre intentionnellement des actes de nature à mettre en danger la sécurité d'autrui	art. R. 232-4 5° C. pénit.
Provoquer par des propos ou des actes à la commission d'actes de terrorisme ou d'en faire l'apologie	art. R. 232-4 6° C. pénit.

Participer ou de tenter de participer à toute action collective de nature à compromettre la sécurité des établissements ou à en perturber l'ordre	art. R. 232-4 7° C. pénit.
Participer à une évasion ou à une tentative d'évasion	art. R. 232-4 8° C. pénit.
Causer ou de tenter de causer délibérément aux locaux ou au matériel affecté à l'établissement un dommage de nature à compromettre la sécurité, l'ordre ou le fonctionnement normal de celui-ci	art. R. 232-4 9° C. pénit.
Introduire ou tenter d'introduire au sein de l'établissement tous objets, données stockées sur un support quelconque ou substances de nature à compromettre la sécurité des personnes ou de l'établissement, de les détenir ou d'en faire l'échange contre tout bien, produit ou service	art. R. 232-4 10° C. pénit.
Introduire ou tenter d'introduire au sein de l'établissement des produits stupéfiants, ou sans autorisation médicale, des produits de substitution aux stupéfiants ou des substances psychotropes, de les détenir ou d'en faire l'échange contre tout bien, produit ou service	art. R. 232-4 11° C. pénit.
Proférer des insultes, des menaces ou des propos outrageants à l'encontre d'un membre du personnel de l'établissement, d'une personne en mission ou en visite au sein de l'établissement pénitentiaire ou des autorités administratives ou judiciaires	art. R. 232-4 12° C. pénit.
Proférer des insultes ou des menaces à l'encontre d'une personne détenue	art. R. 232-4 13° C. pénit.
Franchir ou tenter de franchir les grillages, barrières, murs d'enceinte et tous autres	art. R. 232-4 14° C. pénit.

dispositifs anti-franchissement de l'établissement, d'accéder ou tenter d'accéder aux façades et aux toits de l'établissement ainsi qu'aux chemins de ronde, aux zones neutres et aux zones interdites visées par le règlement intérieur ou instruction particulière arrêtée par le chef d'établissement	
Capter, fixer ou enregistrer ou tenter de capter, fixer ou enregistrer, par quelque moyen que ce soit, des images ou des sons dans un établissement ou de diffuser ou tenter de diffuser, par quelque moyen que ce soit, des images fixées ou des sons captés dans un établissement, ou de participer à ces captation, fixation, enregistrement ou diffusion	art. R. 232-4 15° C. pénit.
Procéder, durant une activité, à des agissements de harcèlement moral ou de harcèlement sexuel	art. R. 232-4, 15° bis
Inciter une personne détenue à commettre l'un des manquements énumérés par le présent article ou de lui prêter assistance à cette fin	art. R. 232-4 16° C. pénit.
Fautes du deuxième degré	
Refuser de se soumettre à une mesure de sécurité définie par une disposition législative ou réglementaire, par le règlement intérieur de l'établissement pénitentiaire ou par toute autre instruction de service ou refuser d'obtempérer immédiatement aux injonctions du personnel de l'établissement	art. R. 232-5 1° C. pénit.
Obtenir ou de tenter d'obtenir d'un membre du personnel de l'établissement ou d'une personne en mission au sein de	art. R. 232-5 2° C. pénit.

l'établissement un avantage quelconque par des offres, des promesses, des dons ou des présents	
Communiquer irrégulièrement avec toute personne située à l'extérieur de l'établissement	art. R. 232-5, 2° bis
Mettre en danger la sécurité d'autrui par une imprudence ou une négligence	art. R. 232-5 3° C. pénit.
Imposer à la vue d'autrui des actes obscènes ou susceptibles d'offenser la pudeur	art. R. 232-5 4° C. pénit.
Formuler des propos outrageants ou des menaces dans les lettres adressées aux autorités administratives et judiciaires	art. R. 232-5 5° C. pénit.
Formuler dans les lettres adressées à des tiers des menaces, des injures ou des propos outrageants à l'encontre de toute personne ayant mission dans l'établissement ou à l'encontre des autorités administratives et judiciaires, ou de formuler dans ces lettres des menaces contre la sécurité des personnes ou de l'établissement	art. R. 232-5 6° C. pénit.
Se soustraire à une sanction disciplinaire prononcée à son encontre	art. R. 232-5 7° C. pénit.
Enfreindre ou tenter d'enfreindre les dispositions législatives ou règlementaires, le règlement intérieur de l'établissement ou toute autre instruction de service applicables en matière d'introduction, de détention, de circulation, ou de sortie de sommes d'argent, correspondance, objets ou substances quelconques, hors les cas prévus aux 10° et 11° de l'article R. 57-7-1	art. R. 232-5 8° C. pénit.
Causer délibérément un dommage aux locaux ou au matériel affecté à l'établisse-	art. R. 232-5 9°

ment, hors le cas prévu au 9° de l'article R. 57-7-1	C. pénit.
Causer délibérément un dommage à la propriété d'autrui	art. R. 232-5 10° C. pénit.
Commettre ou tenter de commettre un vol ou toute autre atteinte frauduleuse à la propriété d'autrui	art. R. 232-5 11° C. pénit.
Consommer des produits stupéfiants	art. R. 232-5 12° C. pénit.
Consommer, sans autorisation médicale, des produits de substitution aux stupéfiants, des psychotropes ou des substances de nature à troubler le comportement	art. R. 232-5 13° C. pénit.
Se trouver en état d'ébriété	art. R. 232-5 14° C. pénit.
Provoquer un tapage de nature à troubler l'ordre de l'établissement	art. R. 232-5 15° C. pénit.
Inciter une personne détenue à commettre l'un des manquements énumérés au présent article ou de lui prêter assistance à cette fin	art. R. 232-5 16° C. pénit.
Fautes du troisième degré	
Ne pas respecter les dispositions du règlement intérieur de l'établissement ou les instructions particulières arrêtées par le chef de l'établissement	art. R. 232-6 1° C. pénit.
Entraver ou tenter d'entraver les activités de travail, de formation, culturelles, cultuelles ou de loisirs	art. R. 232-6 2° C. pénit.
Communiquer irrégulièrement avec une personne détenue	art. R. 232-6 3° C. pénit.
Négliger de préserver ou d'entretenir la propreté de sa cellule ou des locaux com-	art. R. 232-6 4°

muns ou de prendre soin des objets mis à disposition par l'administration	C. pénit.
Jeter tout objet ou substance par les fenêtres de l'établissement	art. R. 232-6 5° C. pénit.
Faire un usage abusif ou nuisible d'objets autorisés par le règlement intérieur	art. R. 232-6 6° C. pénit.
Pratiquer des jeux interdits par le règlement intérieur	art. R. 232-6 7° C. pénit.
Inciter une personne détenue à commettre l'un des manquements énumérés au présent article ou lui prêter assistance à cette fin	art. R. 232-6 8° C. pénit.

Les sanctions disciplinaires (majeurs)

Sanctions disciplinaires générales	
Avertissement	art. R. 233-1 1° C. pénit.
Interdiction de recevoir des subsides de l'extérieur	art. R. 233-1 2° C. pénit.
Privation de la faculté d'effectuer en cantine tout achat autre que celui de produits d'hygiène, du nécessaire de correspondance et de tabac	art. R. 233-1 3° C. pénit.
Privation de tout appareil acheté ou loué par l'intermédiaire de l'administration	art. R. 233-1 4° C. pénit.
Privation d'activité culturelle, sportive ou de loisirs	art. R. 233-1 5° C. pénit.

Exécution d'un travail d'intérêt collectif de nettoyage, remise en état ou entretien des cellules ou des locaux communs	art. R. 233-1 6° C. pénit.
Confinement en cellule individuelle ordinaire	art. R. 233-1 7° et R. R. 235 et s. C. pénit.
Placement en cellule disciplinaire	art. R. 233-1 8° et R. 235-6 et s. C. pénit.
Suspension de la décision de classement dans un emploi ou une formation	art. R. 233-2 1° C. pénit.
Déclassement d'un emploi ou d'une formation	art. R. 233-2 2° C. pénit.
Sanction disciplinaire spécifique	
Suppression de l'accès au parloir sans dispositif de séparation	art. R. 233-2 3° C. pénit.

Les sanctions disciplinaires (mineurs)

Sanctions disciplinaires tous mineurs	
Avertissement	art. R. 124-23 1° CJPM
Privation de la faculté d'effectuer en cantine tout achat autre que celui de produits d'hygiène et du nécessaire de correspondance.	art. R. 124-23 2° CJPM
Privation de tout appareil audiovisuel a usage personnel	art. R. 124-23 3° CJPM

Activité de réparation	art. R. 124-23 4° CJPM
Privation d'activités culturelles, sportives et de loisirs	art. R. 124-23 5° CJPM
Confinement en cellule individuelle	Art. R. 124-23 6° CJPM
Sanctions disciplinaires mineurs de plus de seize ans	
Mise en cellule disciplinaire	art. R. 124-24 CJPM
Suspension du classement dans un emploi ou une activité de formation (sanction spécifique)	art. R. 124-24 CJPM

Index

A

Abus sexuels · 12
Action collective · 36
Activités · 48, 63, 64, 75, 80, 125
Agressions · 40
Aide juridictionnelle · 140, 170
Alternative aux poursuites · 105
Atteinte à la sécurité · 31
Avertissement · 60
Avocat · 24, 69, 103, 120 et s., 140, 141, 145, 147, 148, 149, 166, 179, 185

C

Cachot · 15, 16, 17, 18, 19
Cantine · 10, 11, 16, 38, 45, 46, 61, 65, 80, 173, 200, 201
Cellule disciplinaire · 64, 65, 67, 68, 70, 76, 78, 80, 81, 83, 84, 86, 88, 114, 116, 118, 161, 173, 201
Classement sans suite · 110, 177
Commission de discipline · 47, 60, 74, 75, 76, 77, 79, 81, 82, 83, 85, 103, 110, 113, 122 et s., 151, 161, 171, 177, 192
Communications irrégulières · 51
Compte rendu d'incident · 60, 104, 110, 124
Confinement · 62, 64, 65, 76, 77, 118, 173
Consentement du détenu · 78
Convention européenne · 63, 87, 145, 146, 183, 184, 188, 192, 193
Convocation · 110, 122, 123, 124, 128, 134, 149, 161
Correspondance · 10, 16, 21, 22, 40, 41, 52, 53, 62, 70, 72, 166
Corruption · 44, 56
Costume pénal · 8, 22
Cumul de sanctions · 85

D

Déclassement d'emploi · 66
Délégation · 115, 135, 169
Détention disciplinaire provisoire · 104, 115, 116, 119, 148
Détritus · 64
Dispense · 120, 125, 139
Dispositif de séparation · 68, 73, 80, 201, 202
Dossier du détenu · 79, 109
Droit pénal · 5, 24, 31, 33, 49, 50, 51, 52, 53, 55, 58, 75, 77, 81, 85, 87, 183
Droits de la défense · 24, 103, 104, 121, 123, 124, 126, 129, 136, 138, 148, 161, 192, 193

E

Echanges · 9
Enquête · 109, 110, 111, 124, 134
Erreur manifeste d'appréciation · 169, 175
Evasion · 37, 45, 55, 56, 57, 58, 59, 87, 195
Explosifs · 38
Extraction · 37, 58

F

Formation professionnelle · 65, 79
Fouille · 35, 42, 72
Fractionnement · 57, 74, 78, 79

H

Hygiène · 62, 64, 72

I

Individualisation des sanctions · 74
Information · 22, 73, 87, 103, 104, 109, 111, 120, 122, 147, 155
Infractions disciplinaires · 7, 13, 15, 31, 32, 42, 47, 49, 50, 51, 52, 53, 54, 65, 66, 116, 169, 195
Injures · 44
Instruction · 15, 16, 20, 35, 48, 86, 109, 111, 118, 121, 124, 130, 143, 153, 155, 158, 192
Instruction disciplinaire · 35, 121
Interdiction de recevoir des subsides · 61, 80
Isolement · 64, 73, 84, 167 et s.

J

JAP · 5, 110
Jugement · 78, 79, 86, 129, 143, 154, 192

L

Légitime défense · 33, 34

M

Mandataire · 125, 126, 145, 148
Matière pénale · 88, 146, 183, 184, 186
Médecin · 71, 81
Menaces · 45, 56
Mesure d'ordre intérieur · 60, 66, 110, 118, 164
Mineurs · 65, 81, 116, 122, 153
Mise à pied d'un emploi · 65
Mise en danger d'autrui · 51, 53
Motivation · 161
Mutineries · 52

N

Nettoyage des locaux · 63, 80
Notification · 77, 121, 122, 123, 124, 128, 138, 139, 147, 151, 168

O

Objets autorisés · 49

Opportunité des poursuites · 111
Outrages · 44, 51

P

Paris · 49
Parloirs · 44
Personnels · 22, 32, 33, 35, 37, 39, 43, 55, 69, 84, 104, 130, 131, 132, 153, 154, 155
Portique de détection · 166
Prétoire · 11, 129, 130, 131, 145
Prévôt · 14
Principe de légalité · 23, 49, 50, 52, 81, 169, 191
Procès disciplinaire · 24, 87, 103, 112, 146, 188, 192
Procès équitable · 184, 185
Procureur de la République · 111, 154
Publicité · 11, 47, 135

R

Radio · 62
Rapport d'incident · 78, 110, 121, 126, 138
Récidive · 15
Réclamation · 150, 152, 154
Récompenses · 9, 20, 22, 77
Recours · 18, 21, 23, 63, 64, 65, 73, 74, 78, 103, 104, 116, 117, 118, 119, 120, 147, 149, 150 et s.
Réduction de peine · 88
Référé · 129, 156, 157, 158, 159, 160, 163
Refus d'obéissance · 42
Règlement intérieur · 47, 49, 54

S

Sanctions disciplinaires · 15, 22, 23, 31, 57, 59, 73, 74, 78 et s., 103, 151, 155, 156, 164, 166, 167, 172, 173, 183, 184, 185, 191, 200, 201,
Signature · 128, 138, 169
Stupéfiants · 38, 39
Sursis · 21, 74 et s., 84, 161, 173
Surveillants · 86, 131
Suspension · 57, 71, 74, 78, 79, 158, 159, 161

T

Tabac · 10, 12, 62, 70
Tapage · 47, 51
Téléphone · 48, 51, 114
Téléphone portable · 114
Télévision · 62
Témoins · 109, 138, 143, 144, 192
Tentative · 37, 44, 51, 167
Trafics · 39
Transfert · 18, 84, 131, 167

V

Violences · 13, 32, 33, 34, 40, 46, 52, 86
Vols · 15, 46

Bibliographie

Ouvrages

CÉRÉ (J.P.), *Le contentieux disciplinaire dans les prisons françaises et le droit européen*, Ed. L'Harmattan, coll. Logiques juridiques, 1999, 400 p.

FALXA (J.), *Le droit disciplinaire pénitentiaire : Une approche européenne*, Ed. Mare et Martin, Coll. Bibliothèque des thèses, 2016, 855 p.

HEDHILI AZEMA (H.), *Droit disciplinaire pénitentiaire de la Belle Époque*, L'Harmattan, 2020, 170 p.

GIACOPELLI (M.) et CÉRÉ (J.P.), (dir.), Le rôle de l'assesseur citoyen devant la commission de discipline en prison, L'Harmattan, 2024, 439 p.

Articles

ARTUS (D.), À propos des punitions de cellule et de l'article 6 de la Convention européenne des droits de l'homme, *Petites Affiches*, 5 févr. 1997, n° 16, p. 24.

BIANCHI (V.), La défense en matière disciplinaire, *Actualité juridique pénale,* 2005, p. 407.

BOURGOIN (N.) et GALINDO (C.), La règle et son application : la punition en prison, *Rev. sc. crim.* 2004, p. 323.

CARDET (C.), Les violences en prison saisies par le droit disciplinaire, *Revue Pénitentiaire et de Droit Pénal,* 2004, p. 533.

CÉRÉ (J.P.), Le nécessaire contrôle du pouvoir disciplinaire dans les prisons françaises, *Revue de Science criminelle et de Droit pénal comparé*, 1994, p. 597.

CÉRÉ (J.P.), Le nouveau régime disciplinaire applicable aux détenus, *Revue Française de Droit Administratif*, 1997, p. 614.

CÉRÉ (J.P.), L'article 6 de la Convention européenne des droits de l'homme et le procès disciplinaire en prison, *JCP*, Ed. G., 2001.I.316.

CÉRÉ (J.P.), L'évolution de la discipline en prison, *Cahier des droits fondamentaux*, 2004, p. 43.

CÉRÉ (J.P.), Le droit disciplinaire pénitentiaire entre jurisprudence interne et droit européen, *Actualité juridique pénale,* 2005, p. 393.

CÉRÉ (J.P.), Feu le nouveau droit disciplinaire pénitentiaire, *Actualité juridique pénale,* 2011, pp. 172-175.

CÉRÉ (J.P.), Le procès disciplinaire pénitentiaire sous le prisme de la Convention européenne des droits de l'homme. Un respect en trompe-l'œil ?, *D.* 2017, p. 1720.

CÉRÉ (J.P.) et HERZOG-EVANS (M.), Fondements et modalités des différents scenarii possibles pour la réforme de la procédure disciplinaire en prison, *Gaz. Pal.* 9-11 juin 2002.

COUVRAT (P.), Le régime disciplinaire des détenus depuis le décret du 2 avril 1996, *Revue de Science criminelle et de Droit pénal comparé*, 1996, p. 709.

COUVRAT (P.), L'originalité du droit disciplinaire dans les prisons, *Archives de Politique criminelle*, 2000, n° 22, p. 85.

DANTI JUAN (M.), Quelques remarques sur les modifications apportées par le décret n° 2010-634 du 23 décembre 2010 au droit disciplinaire pénitentiaire, *Revue Pénitentiaire et de Droit Pénal* 2011, p.181.

DARBÉDA (P.), L'action disciplinaire en détention : un panorama européen, *Revue de Science criminelle et de Droit pénal comparé,* 1993, p. 808.

DE GALEMBERT (C.), La prière qui n'existe pas... Sociologie d'une mise à l'épreuve du droit disciplinaire en maison centrale, *Droit et société,* 2014, n° 87, p. 349.

DE GRAËVE (L.), Pour une approche globale de la discipline pénitentiaire, *Revue Pénitentiaire et de Droit Pénal,* 2005, p. 117.

FALXA (J.), La discipline pénitentiaire, une évolution européenne, *in* P. V. Tournier (dir.), Enfermements, 2012, L'Harmattan, p. 327.

FALXA (J.), La place du détenu justiciable dans la procédure disciplinaire, *in* S. Cimamonti, M. Giacopelli et J. B. Perrier (dir.), *Les nouveaux problèmes actuels de sciences criminelles,* vol. 22, 2017, PUAM.

FERNANDEZ (F.), « Lorsque la prison (se) rend justice, le traitement contemporain de l'indiscipline carcérale », *Dév. et soc.,* 2015, p. 379.

FÉVRIER (F.), Le droit répressif pénitentiaire, *Revue Pénitentiaire et de Droit Pénal,* 2009, p. 383

FÉVRIER (F.), La discipline en prison, *Revue Pénitentiaire et de Droit Pénal,* 2005, p. 145.

FÉVRIER (F.), Jurisprudence administrative et discipline pénitentiaire : le sillage et le sillon, *Revue Pénitentiaire et de Droit Pénal,* 2007, n° spécial, pp. 13-22.

FIZE (M.), L'impossible contrôle du pouvoir disciplinaire au siècle dernier, *Revue de Science criminelle et de Droit pénal comparé,* 1988, p. 751.

GIACOPELLI (M.) et JOSEPH-RATINEAU (Y.), « La résistance à l'oppression dans la discipline pénitentiaire, *in* Les droits fondamentaux des personnes privées de liberté, sous la dir. de M. Giacopelli et E. Putman, 2016, Mare et martin, p. 103

JOUVE (B.), Prison et sanction : le régime disciplinaire des détenus, *Revue Pénitentiaire et de Droit Pénal,* 1987, p. 121.

LETENEUR (H.), La discipline pénitentiaire, *Revue Pénitentiaire et de Droit Pénal,* 1984, p. 236.

H.-EVANS (M.), Décret du 13 février 2019 sur la discipline pénitentiaire : un raidissement institutionnel et une occasion manquée, *AJ Pénal* 2019, p. 139.

H.-EVANS (M.), Aspects pratiques de la procédure disciplinaire pénitentiaire en France, *AJ pénal* 2013, p. 660.

HERZOG-EVANS (M.), La réforme du régime disciplinaire dans les établissements pénitentiaires, un plagiat incomplet du droit pénal, *Revue Pénitentiaire et de Droit Pénal,* 1997, p. 9.

HERZOG-EVANS (M.) et CÉRÉ (J.P.), La discipline pénitentiaire : naissance d'une jurisprudence, *D.* 2000, Chron., p. 509.

HERZOG-EVANS et PÉCHILLON (E.), L'entrée des avocats en prison et autres conséquences induites par la loi n° 2000-321 du 12 avril 2000, *D.* 2000, Chron. p. 481.

LARRALDE (J.M.), La réforme du régime disciplinaire des détenus, *Actualité juridique de Droit Administratif,* 1996, p. 780.

MOLINER-DUBOST (M.), À propos d'une autre « jurisprudence immobile ». Le contentieux des sanctions disciplinaires infligées aux détenus, *AJDA* 2013, p. 1380.

MOREL D'ARLEUX (J.), Politique disciplinaire et gestion de la détention : dépasser la relation duale détenus/personnels, *Actualité juridique Pénal,* 2005, p. 402.

PÉLISSIER (P.), Le régime disciplinaire des détenus : un progrès inachevé, *Gazette du Palais,* 1996, n° 18, p. 4.

PROUVEZ (J.B.), L'avocat au prétoire : une réforme incidente et toujours inachevée du régime disciplinaire des détenus, *Procédures,* mars 2001, p. 3.

PONCELA (P), La procédure disciplinaire carcérale dans la tourmente, *Rev. sc. crim.* 2001, p. 872.

PONCELA (P.), Discipline pénitentiaire, un droit en mouvement, *Rev. sc. crim* 2012, p. 208.

PRADEL (J.), Le nouveau régime disciplinaire des détenus. Une révolution en droit pénitentiaire, *D.* 1996, Chron. p. 319.

ROBERT (D.), La discipline carcérale. Un processus de production de la justice ordinaire, *Rev. sc. crim.* 2012, p. 982.

ROSTAING (C.) « L'ordre négocié en prison : ouvrir la boîte noire du processus disciplinaire », *Droit et société*, 2014, p. 303

ROUBAUD (S.), Sanctions disciplinaires en prison et rôle des autorités judiciaires, *Actualité Juridique Pénal,* 2005, p. 404.

ENCYCLOPÉDIES

CÉRÉ (J.P.), *Prison (sanctions disciplinaires)*, Encyclopédie Dalloz, Répertoire de Droit pénal et de procédure pénale, 2021, 33 p.

Table des matières

PRINCIPALES ABRÉVIATIONS ---------- **5**
INTRODUCTION ---------- **7**
SECTION 1. L'HÉRITAGE ARBITRAIRE DE LA DISCIPLINE PÉNITENTIAIRE ---------- 7
SECTION 2. LA CONSTRUCTION DU DROIT DISCIPLINAIRE PÉNITENTIAIRE ---------- 20

1RE PARTIE - LE DROIT DISCIPLINAIRE SUBSTANTIEL ---------- **29**

CHAPITRE 1. LES FAUTES DISCIPLINAIRES ---------- **31**
SECTION 1. LA DÉFINITION DES FAUTES DISCIPLINAIRES ---------- 31
§ 1. Les fautes disciplinaires très graves ---------- *32*
§ 2. Les fautes disciplinaires graves ---------- *42*
§ 3. Les fautes disciplinaires légères ---------- *47*
SECTION 2. LES CARACTÉRISTIQUES DES FAUTES DISCIPLINAIRES ---------- 49
§ 1. Les emprunts des fautes disciplinaires au droit pénal ---------- *50*
§ 2. Les particularismes des fautes disciplinaires ---------- *52*
A. Les différences générales avec le droit pénal ---------- 52
B. Les différences particulières avec le droit pénal ---------- 55

CHAPITRE 2. LES SANCTIONS DISCIPLINAIRES ---------- **59**
SECTION 1. LES DIFFÉRENTES SANCTIONS DISCIPLINAIRES ---------- 59
§ 1. Les sanctions disciplinaires générales ---------- *60*
A. Les diverses sanctions générales ---------- 60
B. Le cas particulier de la mise en cellule disciplinaire ---------- 68
1. Les privations accessoires à la mise en cellule disciplinaire ---------- 68
2. Les droits et les devoirs de la personne détenue placée en cellule disciplinaire ---------- 71
§ 2. Les sanctions disciplinaires spécifiques ---------- *73*
SECTION 2. L'APPLICATION DES SANCTIONS DISCIPLINAIRES ---------- 74
§ 1. Les différentes modalités d'application des sanctions disciplinaires ---------- *74*
A. Le sursis disciplinaire ---------- 75
1. Le sursis simple ---------- 75
2. Le sursis assorti d'une obligation d'effectuer un travail d'intérêt collectif ---------- 78

B. La suspension ou le fractionnement de la sanction ------------------ 79
§ 2. La durée des sanctions disciplinaires ----------------------------80
§ 3. Le cumul des sanctions---82
A. Le cumul des sanctions disciplinaires---------------------------------- 82
B. Le cumul de sanctions disciplinaires et pénales---------------------- 85
SECTION 3. LE RÉGIME DES SANCTIONS DISCIPLINAIRES POUR LES MINEURS---89
§ 1. Les sanctions disciplinaires applicables aux mineurs de plus de seize ans--91
A. Les sanctions disciplinaires générales ---------------------------------- 91
1. Les diverses sanctions disciplinaires générales -------------------- 91
2. Le confinement en cellule individuelle ordinaire------------------ 92
3. La mise en cellule disciplinaire --------------------------------------- 94
B. Les sanctions disciplinaires spécifiques -------------------------------- 96
§ 2. Les sanctions disciplinaires applicables aux mineurs de moins de seize ans ---96

2E PARTIE - LE DROIT DISCIPLINAIRE PROCESSUEL ------------------- 101

CHAPITRE 1. LE PROCÈS DISCIPLINAIRE --------------------------------- 103
SECTION 1. LA PHASE PRÉPARATOIRE -- 104
§ 1. La constatation du fait disciplinaire---------------------------- 104
§ 2. L'alternative aux poursuites ------------------------------------ 105
A. Le champ d'application de la procédure alternative---------------105
B. Le déroulement de la procédure alternative------------------------107
C. Les mesures alternatives applicables ----------------------------------107
§ 3. L'instruction des faits--- 109
§ 4. Les règles de preuve -- 111
A. La charge de la preuve---111
B. Les modes de preuves --113
§ 5. La détention disciplinaire provisoire --------------------------- 115
§ 6. Les garanties procédurales-------------------------------------- 121
SECTION 2. LA PHASE DÉCISOIRE -- 129
§ 1. Le jugement devant la commission de discipline ------------- 129
A. La composition de la commission de discipline ---------------------129
1. Les origines de la commission de discipline------------------------130
2. Le rôle prépondérant du chef d'établissement --------------------131
B. La procédure d'habilitation---136
§ 2. Les droits de la défense -- 138
A. L'exercice normal des droits de la défense---------------------------138
B. Les aménagements exceptionnels des droits de la défense ----------------148

CHAPITRE 2. LES RECOURS DISCIPLINAIRES ---------------------------- 149
SECTION 1. LES RECOURS INTERNES -- 150
§ 1. Les recours non juridictionnels ---------------------------------- 150
A. Les recours devant les autorités pénitentiaires ---------------------150
B. Les réclamations devant les autorités non pénitentiaires-----------------152
§ 2. Les recours juridictionnels -- 155
A. Les procédures d'urgence et les sanctions disciplinaires----------------155
1. Les conditions du recours aux procédures d'urgence -----------156
2. L'application des procédures d'urgence en droit disciplinaire ---157
a) Le référé suspension ---157
b) Le référé liberté --159
c) Le référé conservatoire ---162
B. Les recours juridictionnels sur les sanctions disciplinaires-----------------163
1. Le contrôle du juge sur les sanctions disciplinaires --------------164
2. La procédure de recours---168
C. Le contenu du contrôle des sanctions disciplinaires---------------172
1. Les sanctions contrôlées--172
2. Le degré du contrôle du juge administratif ------------------------175
3. L'ouverture du droit à indemnisation -------------------------------179
SECTION 2. LES RECOURS DEVANT LA COUR EUROPÉENNE DES DROITS DE L'HOMME --- 180
§ 1. Le placement en cellule disciplinaire et la notion de traitement inhumain et dégradant ---181
§ 2. La procédure disciplinaire pénitentiaire et le droit à un procès équitable ---183
§ 3. Le droit disciplinaire pénitentiaire et le droit à un recours réel et effectif---188

CONCLUSION --- 191
ANNEXES--- 195
INDEX -- 203
BIBLIOGRAPHIE --- 207

Structures éditoriales du groupe L'Harmattan

L'Harmattan Italie
Via degli Artisti, 15
10124 Torino
harmattan.italia@gmail.com

L'Harmattan Hongrie
Kossuth l. u. 14-16.
1053 Budapest
harmattan@harmattan.hu

L'Harmattan Sénégal
10 VDN SICAP AMITIE 3
BP 45034 Dakar-Fann
direction@senharmattan.com

L'Harmattan Cameroun
Tsinga/Derrière polyclinique FECAFOOT
BP 11486 Yaoundé
Jacques.koukam@harmattan.fr

L'Harmattan Burkina Faso
Villa 281, secteur 23 623, rue 14.32
Ouagadougou
zagbie@outlook.fr

L'Harmattan Guinée
Almamya, rue KA 028 OKB Agency
BP 3470 Conakry
harmattanguinee@yahoo.fr

L'Harmattan RDC
185, avenue Nyangwe
Commune de Lingwala – Kinshasa
matangilamusadila@yahoo.fr

L'Harmattan Congo
219, avenue Nelson Mandela
BP 2874 Brazzaville
deunovmikhael@gmail.com

L'Harmattan Mali
Immeuble Mgr Jean Marie Cissé
Aci Hamadallaye
BP 145 Bamako
syllaka@yahoo.fr

L'Harmattan Togo
Djidjole – Maison Amela
face EPP BATOME
02 BP 20680 Lomé
didieramela11@gmail.com

L'Harmattan Côte d'Ivoire
Résidence Karl – Cité des Arts
Abidjan-Cocody
03 BP 1588 Abidjan
harmattan.ivoire@gmail.com

L'Harmattan Bénin
Rue 604, (Immeuble à l'entrée
de la rue UCAO- Cite de Saint-Jean)
Cotonou
stepcorpus@gmail.com

Nos librairies en France

Librairie internationale
16, rue des Écoles
75005 Paris
librairie.internationale@harmattan.fr
01 40 46 79 11
www.librairieharmattan.com

Librairie des savoirs
21, rue des Écoles
75005 Paris
librairie.sh@harmattan.fr
01 46 34 13 71
www.librairieharmattansh.com

www.ingramcontent.com/pod-product-compliance
Lightning Source LLC
LaVergne TN
LVHW010925061026
849535LV00007B/2229